Ullstein

ÜBER DAS BUCH:

Schuldgefühle sind schön, findet »der Person«. Besonders, wenn »die Person« dadurch gefügig wird. Schuldgefühle müssen schön sein. Würde »die Person« sonst so oft darin schwelgen?
Schuldgefühle sind schön, weiß auch Ferdinand, der hochbegabte Kater, denn von Personen, die sich schuldig fühlen, kann man volle Schüsselchen und auch sonst einfach alles haben. Man sieht: Ferdinand ist Psychologe. Wenn Mann und Weib, von Ferdinand schlicht »der Person« und »die Person« getauft, sich dem Selbstbetrug hingeben, kommt er ihnen auf die Schliche.
Will *er* kein Kind, weil man in diese böse, böse Welt keines setzen sollte – oder ist ihm etwa seine Bequemlichkeit lieber? Ist *sie* eine Seele von Mensch – oder fehlt es ihr nicht doch ein bißchen an Rückgrat?
Ferdinands Katerblick ist nichts Menschliches fremd. Der samtpfötige Individualist schnurrt uns so nebenbei und höchst elegant, wo's langgeht in vielen Beziehungen: wie die Frauen dem Masochismus frönen und sich ganz gern über ihre Motive betrügen, wie die Männer Verantwortung abschieben und virtuos auf dem Gefühlsklavier spielen ...
Elfriede Hammerl, seit Jahren einem Kater zugetan, hat Ferdinand für fünfzehn Geschichten ihre Feder (respektive ihren Computer), ihren Scharfblick und ihre witzig-präzise Prosa geliehen. Herausgekommen ist ein höchst amüsantes Buch: nicht nur für alle, die von der Überlegenheit der Katzen über die Menschen überzeugt sind.

DIE AUTORIN:

Elfriede Hammerl, geboren in der Steiermark, aufgewachsen in Wien. Studium der Theaterwissenschaft und Germanistik, arbeitete als Journalistin bei verschiedenen Zeitungen und Zeitschriften. Kolumnistin bei »stern« und »profil«. Lebt mit Tochter und Kater in Gumpoldskirchen bei Wien.

Elfriede Hammerl

Liebe läuft auf leisen Pfoten

Beobachtungen des Katers Ferdinand

Mit 29 Zeichnungen von Kurt Rendl

Ullstein

ein Ullstein Buch
Nr. 23455
im Verlag Ullstein GmbH,
Frankfurt/M – Berlin

Ungekürzte Ausgabe

Titel der gebundenen Erstausgabe:
Schuldgefühle sind schön
Umschlaggestaltung:
Theodor Bayer-Eynck
Illustration:
Silvia Christoph

Taschenbuchausgabe mit freundlicher
Genehmigung der F. A. Herbig
Verlagsbuchhandlung GmbH, München

Printed in Germany 1995
Druck und Verarbeitung:
Ebner Ulm
ISBN 3 548 23455 0

2. Auflage Januar 1995
Gedruckt auf alterungsbeständigem
Papier mit chlorfrei
gebleichtem Zellstoff

Die Deutsche Bibliothek – CIP-Einheitsaufnahme

Hammerl, Elfriede:
Liebe läuft auf leisen Pfoten :
Beobachtungen des Katers Ferdinand /
Elfriede Hammerl. [Ill.: Kurt Rendl]. –
Ungekürzte Ausg., 2. Aufl. – Frankfurt/M ; Berlin :
Ullstein, 1995
(Ullstein-Buch ; Nr. 23455)
ISBN 3-548-23455-0
NE: GT

Inhalt

Schuldgefühle sind schön 7
Ungeheuer tolerant 14
Kinderwünsche.......... 21
Die Queen im Zorn...... 27
Eine herzensgute Frau.... 34
Noch 'ne Krise 41
Nichts als Unsinn!....... 48
Mutters Liebling 55
Besser Single?........... 62
Der Neue 69
Wiedersehen............ 76
Der Steinzeittyp 83
She's not you 90
Ravioli, selbstgemacht.... 107
Entdeckungen........... 119

Schuldgefühle sind schön

Unangenehmer Morgen. Die Person erwacht, taumelt ins Bad und tritt auf dem Weg dorthin auf den kleinen blauen Teppich. Teppich leicht feucht, riecht, weil ich auf ihm ein Zeichen der Mißbilligung hinterlassen mußte. Von Zeit zu Zeit Unlust auszuagieren ist nötig. Die Personen laufen dann zusammen, ringen die Hände und beratschlagen, wie sie meine Zeichen der Mißbilligung zu interpretieren hätten und auf welche Weise ihnen zu begegnen sei. In egozentrischer Manier beziehen sie alles auf sich. Selbsterforschend schlagen sie sich an die Brust und zählen ihre Sünden wider meine Natur. Sollen sie. Ich habe sie nicht ungern schuldbewußt, das erhöht ihre Dienstbereitschaft mir gegenüber.
Tatsächlich allerdings galt die Mißbilligung, die ich auf dem kleinen blauen Teppich ausgedrückt hatte, dem Umstand, daß ich mit mei-

nen Überlegungen bezüglich E. T. A Hoffmanns nicht weitergekommen war. (Ich arbeite an einem kleinen kulturhistorischen Vergleich zwischen dem Kater Murr und dem Gestiefelten Kater.) Die ganze Nacht hatte ich über einen Widerspruch in meinem Gedankengebäude gegrübelt, vergebens. So was verbittert. Die Person, ahnungslos in jeder Hinsicht, latscht über die Spuren meiner nächtlichen intellektuellen Exzesse und schreit auf. Ordinär. Ich warte, daß sie sich faßt und mit den üblichen Selbstbezichtigungen beginnt, aber sie flucht bloß derb vor sich hin. Prompt erwacht die zweite Person, die ich infolge ihres männlichen Geschlechts und aus Unterscheidungsgründen *den* Person nenne. Der Person ist normalerweise ein begnadeter Langschläfer. Egal, ob die Person, weil ihm gerade wohlgesonnen, wie ein Blütenblatt zur Tür hinausschwebt oder ob sie, nach einem Krach am Vorabend, das Geschirr lärmen läßt – der Person schläft hingebungsvoll. Eher schläft er noch hingegebener, wenn das Frühstücksgeschirr lärmt.
Diesmal erwachte er. Unbewußt dürfte er erfaßt haben, daß das Fluchen nicht ihm galt.
Er wollte wissen, was los sei. »Dieser Scheißkater hat schon wieder auf den Teppich gepinkelt!« antwortete die Person.

Ich zuckte zusammen. Nicht aus Zimperlichkeit, sondern weil ich weiß, was passiert, wenn sich die Person in negative Gefühle hineinsteigert: Sie bricht zusammen. Die haßerfüllte Pose hält sie nicht durch. Schon gar nicht mir gegenüber. Ich kann es nicht ausstehen, wenn sie mich verzeihungheischend an sich preßt und auf den Kopf küßt.

Der Person tat ein übriges, indem er ihr sogleich mit Vorwürfen kam, in ironischem Ton vorgetragen zwar, aber eben doch mit Vorwürfen. Wenn sie sich mir gegenüber derart feindselig verhalte, sei es kein Wunder, daß ich aus Kränkung, blabla et cetera. Der Person reagiert im Zweifelsfall milder auf meine kleinen Schwächen als die Person. Er hat auch noch nie einen Teppich in die Reinigung getragen.

Die Person schätzt seine Milde im Umgang mit mir. Sie sieht darin eine Absage an die traditionelle Männerrolle. Die Person hat eine Freundin, deren Mann dem Haushund das Tierasyl androht, sobald der Hund seine Lederjacke durchkaut. Mit gänsehäutiger Stimme besprechen die Person und der Person gelegentlich das haustyrannische Verhalten dieses Mannes. Die Person küßt den Person dann jedesmal gerührt und dankt ihm dafür, daß er kein solch finsterer Macho sei.

Heute jedoch war sie gar nicht gerührt. Statt dessen empfahl sie dem Person, sich seine freudianischen Deutungen an den Hut zu stecken beziehungsweise hinter die Couch, auf der er seine Klientinnen immer empfange.
Oje. Das bedeutete, daß sie bei dem Person eine andere Frauensperson entdeckt oder wenigstens guten Grund zu einem derartigen Verdacht hatte.
Wie zu erwarten war, erwiderte der Person, er hätte keine Ahnung, warum er eine Szene erdulden müsse wegen eines läppischen feuchten Flecks auf einem läppischen Teppich.
»Hab' ich dich aus deinem Schönheitsschlaf gerissen?« höhnte die Person. »Das tut mir aber leid. In deinem Gewerbe ist das Aussehen ja so wichtig!«
Sie verliert immer. Schon richtete sich der Person auf, mit Augen wie ein waidwundes Tier, und sagte mit leiser, schmerzerfüllter Stimme: Offenbar setze sie eine bescheidene Einkommenslage und eine sich daraus zeitweilig ergebende, äh, Abhängigkeit mit Prostitution gleich. Interessant. So habe er sich das Verständnis für die Schwachen schon immer vorgestellt, und er wisse jetzt, was von ihrem angeblichen sozialen Engagement zu halten sei.
Gewonnen! Die Person tat so, als ließen seine

Worte sie kalt, aber uns allen war klar, daß sie sich ab jetzt den ganzen Tag mies und minderwertig vorkommen würde. Die Person ist leicht auszutricksen. Anders als ich, der ich beim besten Willen nicht zu sehen vermag, inwiefern seine schwache Einkommenslage den Person als schwachen Menschen ausweist, kommt die Person nie auf die Idee, dem Person so was Gewöhnliches wie Faulheit zu unterstellen. Sie will einen außergewöhnlichen Mann. Daß sie die Teppiche zur Reinigung bringt, betrachtet sie nicht als Beweis dafür, daß trotz allen gegenteiligen Geredes *sie* für den Haushalt zuständig ist, sondern bloß als Abfallprodukt einer ansonsten unkonventionellen Beziehung, in der ihr die wichtige Position der Ernährerin zukommt.

Der Person legte sich zurück, griff nach einem Buch und behielt dabei seinen verletzten Gesichtsausdruck bei. Alle Achtung. Ich bewundere immer wieder, wie er es versteht, jede Anschuldigung in einen Bumerang zu verwandeln. Eines Tages wird sich noch jemand in Schuldgefühlen winden, weil er die unglaubliche Taktlosigkeit begangen hat, sich vom Person niederschlagen zu lassen.

Anschließend kam es wie vorhergesehen. Die Person setzt mir Wildhasen-Schmankerl vor,

ich lasse mich zum Mahl nieder, da reißt sie mich hoch, küßt mich aufs Ohr und flüstert mir zu: »War ja nicht so gemeint, Dicker. Heut' abend bring' ich dir frische Leber mit!« Sie ist von erbarmungswürdiger Rückgratlosigkeit.
Nachdem sie die Wohnung verlassen hatte – umständlich, weil auf ein Wort der Versöhnung wartend, aber da kann sie lange warten, das sollte sie endlich einmal gelernt haben –, überlegte ich, welches der geeignete Platz für ein Verdauungsschläfchen wäre. Ich entschied mich gegen das Fensterbrett (sonnig, aber hart), auch gegen das Sofa (leichter Durchzug) und kroch zum Person ins Bett (warm, weich, keine Zugluft). Die Person hätte es, wenn sie's sehen hätte können, vermutlich als Verrat gewertet. Sie neigt dazu, einfachste Vorgänge ideologisch zu überfrachten. Arme Person. So betriebsam. So grundsatztreu. So gutgläubig. Ein bedauernswerter Charakter. Man sollte ihr was Gutes tun. Ich werde ihr meine kleine Arbeit über Wittgenstein widmen.

Ungeheuer tolerant

Die Personen nennen mich Ferdinand. Ich dulde es, notgedrungen. Wie sollte ich ihnen auch klarmachen, daß ich, historisch gesehen, entschieden mehr zu Joseph II. (dem Aufklärer) tendiere als zu Ferdinand dem Gütigen, der bekanntermaßen hochgradig unterbelichtet war? Abgesehen vom Fehlen entsprechender Kommunikationsmittel scheiterte ein derartiges Vorhaben vermutlich am mangelnden Geschichtsbewußtsein meiner Personen. Ihr Wissen über Kaiser ist meiner Erfahrung nach ziemlich dürftig. Deshalb gehe ich davon aus, daß sie nichts Beleidigendes im Sinn hatten, als sie beschlossen, mich Ferdinand zu rufen. Entgegen landläufigen Verleumdungen, Katzen betreffend, reagiere ich meistens, wenn ich gerufen werde. An und für sich ist meine Spezies nämlich sehr kooperativ. Nur Idioten legen ja Wert auf Zank und Hader. Ich bin kein

Idiot. Also bemühe ich mich um gut Wetter. Ich benütze im Prinzip mein Katzenklo, es sei denn, ich sehe mich gezwungen, Empörung zu signalisieren. Ich kratze mein Kratzbrett. Ich erscheine, sobald ich meinen Namen höre. Die Personen erblicken mich bloß nicht immer gleich, wenn ich mit lautloser Diskretion hinter ihnen aus dem Dunkel irgendwelcher Winkel trete und höflich abwarte, bis sie sich endlich einmal umdrehen.

Nur absolut unsinnige Forderungen, wie zum Beispiel die, nicht über den Tisch zu latschen, erfülle ich nicht.

Soviel vorweg. Geschehen ist folgendes: Die Person mußte dienstlich nach New York fliegen. Menschliche Personen verreisen im allgemeinen gern, im Unterschied zu unsereinem. Wir haben es nicht nötig, ständig vor uns davonzulaufen, aber das nur nebenbei.

Die Person jedenfalls, die ich als durchaus veränderungssüchtig kenne, seufzte diesmal herum von wegen Trennung. Sie meinte nicht die Trennung von mir, sondern vom Person. »Und dir macht das überhaupt nichts aus?« fragte sie ihn wehklagend.

Mir sträubten sich sämtliche Haare. Ganz schlecht wird mir, wenn sie so um Zuneigung bettelt. Hat sie das nötig?

Auch der Person reagierte angewidert. Er sei schließlich kein Kleinkind, das nicht mal ein paar Tage allein bleiben könne.
»Aber du wirst nicht allein bleiben«, prophezeite sie.
»Sowieso nicht«, antwortete der Person. »Kaum bist du weg, reiten hier lose Weiber ein.«
Ich wunderte mich über seine Ehrlichkeit, bis ich merkte, daß sie es als Scherz auffassen sollte, was sie in ihrer bejammernswerten Gutwilligkeit prompt tat. Sie lachte, und er machte ein nachsichtiges Gesicht wie immer, wenn sie sich für eine ganz und gar gerechtfertigte Verdächtigung schämt.
Ich ging zu meinem Gedeck und nahm ein paar Bissen Schleckertöpfchen zu mir, um meine Magennerven zu beschwichtigen.
Dann war die Person weg, was ich gar nicht mag, weil ich meine gewohnte Ordnung schätze. Zum Trost machte ich es mir auf einem herumliegenden Kaschmirpullover von ihr bequem. Dort döste ich, als der Person mit einem langmähnigen Geschöpf die Wohnung betrat. Ich duckte mich. Aber das Geschöpf erspähte mich.
»Ach, eine Katze«, sagte sie. »Ich liebe Katzen.«

Erstaunlich. Ich liebe Menschen nicht. Ich liebe die eine oder andere Person, aber das Geschöpf zum Beispiel liebte ich keineswegs, denn ich kannte es ja gar nicht. Wie brachte das Geschöpf es fertig, eine riesige Gruppe von Lebewesen pauschal zu lieben? Ich wollte eigentlich von keiner geliebt werden, die entschlossen war, mich ohne Ansehen des Charakters zu lieben, zugleich mit Typen wie dem gefleckten Dicken, der der Schrecken meiner Kindheit gewesen ist.

»Hi, Fernando«, sagte der Person launig. Fernando! Bin ich ein Eintänzer?

Ich war aufgestanden und streckte mich. Im Aufstehen gab ich die Aussicht auf den Kaschmirpullover frei. Der Pullover war fliederfarben und hatte einen großen bestickten Kragen, was ihn ziemlich deutlich als Damenpullover kennzeichnete.

Das Geschöpf musterte den Pullover. »Ich denke, du lebst allein«, sagte es leichthin.

Der Person raffte den Pullover an sich. »Grundsätzlich schon«, behauptete er hastig. Was ich immer sage: Seine Grundsätze sind fragwürdig.

Er warf den Pullover in einen Schrank und wandte sich den Weinvorräten zu. »Chianti classico aus Orvieto«, sagte er, eine Flasche herzeigend. »Magst du?« Das Geschöpf bejahte gnädig.

Der Chianti aus Orvieto! Die Person bewahrt ihn seit einem Jahr als Erinnerung an eine Toskanareise mit dem Person für eine besondere Gelegenheit auf. (Ich entsinne mich dieser Reise ebenfalls mit Behagen, denn ich wurde in der Zeit von der Mutter der Person betreut, einer warmherzigen Frau, die wenig von Dosenfraß und viel von frischem Rinderherz hält.)

Ungern ergreife ich Partei, und im allgemeinen vermeide ich es, mich zum Sittenrichter aufzuschwingen, aber als ich sah, wie der Person den Chianti aus Orvieto entkorkte, beschloß ich, ihm bei nächster Gelegenheit in die Schuhe zu kotzen.

Der Person füllte ein Gericht in meine Eßschüssel, das sich »Schlemmerhäppchen« nannte. Es schmeckte so ähnlich wie eines, das »Leckerschälchen« heißt, nur angegammelt. Da wußte ich, die nächste Gelegenheit würde sich bald bieten.

»Ich liebe Katzen«, sagte das Geschöpf abermals, »weil sie so eigenwillig sind.«

»Du meinst, sie sind dir ähnlich«, erklärte der Person, und das Geschöpf kicherte geschmeichelt.

Ich schnappte nach Luft vor Entrüstung. War das der Lohn für meine aufopfernden Bemühungen, mich in den Personenhaushalt zu integrieren?
Wenn das Geschöpf gern als eigenwillig gelten wollte – bitte sehr. Aber mußte es dazu unbedingt banale Klischees über Katzen strapazieren? Gleich würde es erklären, Katzen seien wunderbar unabhängig. Ja, freilich. Ein Katzenklo, ein Kratzbrett und Schlabberschnittchen aus der Dose – so hab' ich mir die große Unabhängigkeit seit jeher vorgestellt.
Halt, halt! Das Geschöpf ließ sich im Lieblingssessel der Person nieder! Tapfer sprang ich auf das Geschöpf drauf, so schwer wie möglich, die Krallen ausgefahren. »Schau, sie mag mich!« rief das Geschöpf entzückt.
Kruzitürken!
Der Person beugte sich vor. »Er schnurrt aber nicht«, sagte er mißtrauisch. Junge, Junge, du hast's erfaßt. Ich stieß mit dem Kopf gegen das Weinglas vor dem Geschöpf, worauf sich Chianti classico (rot) über das Geschöpf ergoß. »Ungeschickte Katze!« schimpfte das Geschöpf.
»Katzen sind nie ungeschickt!« korrigierte der Person.
Diese Pauschalbehauptung stimmt.

Kinderwünsche

Die Person wünscht sich ein Kind und ein Haus mit Garten – und zwar in umgekehrter Reihenfolge, damit das Kind in das Haus und den Garten quasi hineingeboren wird. Der Person wünscht sich keins von beiden, und dabei hat er meine volle Unterstützung.
Leider ist die Person für unsere Wünsche taub. Damit nicht genug, mißbraucht sie mich sogar, um den ihren mehr Nachdruck zu verleihen. »Schau dir das arme Tier an«, sagt sie, »den ganzen Tag in einer Wohnung eingesperrt. Was glaubst du, wie glücklich der Kater im Grünen wäre!«
Schamloses Geheuchel. Wäre sie so besorgt um mein Wohl, wie sie tut, hätte sie sich früher überlegen sollen, ob es vernünftig ist, eine Katze zu sich zu holen, wenn man nur eine Stadtwohnung hat.
Jetzt ist es zu spät für eine Umschulung auf

ländlichen Jägersmann. Ich bin ein großstädtischer Intellektueller.
Unsereins pirscht nicht dämlich durchs hohe Gras und lauert nicht geistlos vor Mäuselöchern. Ich schätze die Anregungen der Television, Meditationen hinterm »Großen Brockhaus« und Spaziergänge durch die vertrauten Schluchten zwischen Schränken, Schreibtisch und Kommode.
Sollte man noch einmal auf die Idee kommen, mich in die Natur scheuchen zu wollen, würde das meine äußerste Mißbilligung hervorrufen. Ich sage »noch einmal«, weil die Personen schon einmal den abstoßenden Einfall hatten, mich in unerforschte ländliche Gebiete zu karren.
Dazu umgürteten sie mich mit rotem Leder, was ich ungemein demütigend fand, und zerrten mich dann, nach einer gräßlichen Autofahrt, an einer Leine über Stock, Steine und Grasbüschel. Ich machte dem perversen Spiel ein Ende, indem ich mich flach an den Boden preßte und in eine Art Starrkrampf verfiel. Die Person hockte sich neben mich. Ich robbte zitternd unter ihren Rock. Als sie mich ins Freie ziehen wollte, war ich zu meinem Bedauern gezwungen, sie in die Hand zu beißen.
Seit damals könnte sie eigentlich wissen, wie

ich zum sogenannten Grünen stehe. Aber nein, sie legt die sentimentale Walze auf und schiebt mich vor, wenn sie scharf auf einen Garten ist. Geht sie davon aus, daß der Person im Zweifelsfall meine Bedürfnisse eher erfüllen wird als ihre? Armes, inferioritätskomplexgepeinigtes Wesen. Außerdem wissen wir beide, wessen Bedürfnisse für den Person wirklich zählen: seine.

In Wahrheit ist sie natürlich nicht scharf auf den Garten an sich, sondern auf das, was in ihren mediokren Konfektionsträumen darin umhertollt: Familie. Die Person will eine Familie bilden. Ich, ein hochsensibler und feinsinniger Zeitgenosse, bin ihr als Ergänzung zum Person nicht genug, sie giert nach einem lauten, unkultivierten menschlichen Säugling.

Der Person, in manchem viel vernünftiger als sie, giert nicht. Aber da er ebenfalls nie zugibt, daß er seine eigenen Interessen vertritt, sondern stets die Last gesellschaftlicher Verantwortung auf seinen Schultern trägt wie ein guter Hirte das verirrte Lamm, sagt er nicht einfach: »Ich will kein Kind, weil ich an meinem bequemen Leben hänge.« Er sagt vielmehr: »In diese Welt kann man doch kein Kind setzen!« Anstelle der Person würde ich einwenden, daß gerade die Welt, in der der Person sich bewegt und die zu verlassen er sorgfältig vermeidet, eine relativ wohlige ist. Weshalb es ein wenig verlogen erscheint, wenn er so tut, als erwarteten ausgerechnet ein Kind – ein Kind von ihm! – vorhersehbar mehr Schrecknisse als einen Leibeigenen im Mittelalter. Doch ich bin ich, und deshalb stört es mich diesmal nicht im geringsten, daß ich der Person nicht soufflieren kann.

Bevor ich Applaus von der falschen Seite kriege: Mir paßt an dieser Welt eine ganze Menge nicht, und niemand steht mir ferner als Personen, die alle anderen Personen dazu vergattern wollen, sich ständig fortzupflanzen.

Aber eben weil ich den Zustand der Welt ernst nehme, habe ich nichts dafür übrig, daß der Person ihn als billigen Geisterbahneffekt auf einer reinen Privatveranstaltung nutzt.

Ach, Personen! Ermüdende Kreaturen. Statt ihre Zeit nützlich zuzubringen (beispielsweise mit dem Kleinschneiden frischer Nieren), reden sie endlos herum, wer wen nicht genügend liebt, um sich worauf einzulassen . . .

Es ist zum Aus-der-Haut-Fahren. Weil ich aber kein Reptil bin, gehe ich statt dessen ein bißchen die Wände hoch, genauer gesagt: die Vorhänge.

Die Person kreischt hysterisch auf. Der Person

sagt, wenn sie so schlechte Nerven habe, sei sie als Mutter sowieso gänzlich ungeeignet, und ein kleines Kind würde noch ganz andere Sachen herunterreißen. Die Person erwidert, Katzen, die einen Garten zur Verfügung hätten, müßten nicht auf Vorhänge klettern, und überdies halte die Bewegung im Freien sie schlank, weshalb sie, wenn sie trotzdem auf Vorhänge kletterten, die Vorhänge nicht herunterreißen würden.

Ich glaube langsam, ich sollte mich innerlich von ihr lossagen. Diese ewigen Spitzen gegen meine Figur verdrießen mich schon unter normalen Umständen. Aber in Kombination mit Kinder- und Gartenplänen sind sie unerträglich.

Das Telefon läutet. Hoffentlich keine Freundin der Person, die ihr mitteilt, daß sie schwanger ist.

Verzeihung. Ich neige manchmal zu billigen Pointen.

Also: Wer war's nun? Der Person, der rangegangen ist, macht ein mürrisches Gesicht: »Bloß mein Bruder.« – »Irgendwas los?« – »Nein.« – »Aha.«

Herrgott, jetzt sag's schon! Das ist auch eine Marotte der Personen. Sie tun immer so, als interessiere es sie überhaupt nicht, was der an-

dere am Telefon bespricht, aber zum Schluß kommt es ja doch raus.
In diesem Fall kommt raus, daß der Bruder des Person mit seiner Freundin an den Stadtrand zu übersiedeln gedenkt. In eine Wohnung mit Gartenbenutzung.
Die Person stößt einen wehen Laut aus.
»Ich bitte dich«, sagt der Person gereizt, »was soll der Gartentick auf einmal! Du kannst doch eine Primel nicht von einer Fichte unterscheiden.«
Vielleicht nicht. Aber was sie unterscheiden kann, sind Gesten des Zusammengehörenwollens und Gesten des Nichtzusammengehörenwollens.
Gutherzig verzeihe ich ihr spontan, was sie mir antun will, springe auf ihre Schultern, lege mich um ihren Nacken und schnurre ihr ins Ohr.
»Na, Alter«, sagt sie. »So unglücklich bist du hier wohl gar nicht?«
Wie wahr. Gewonnen. So ist es. Genau so.

Die Queen im Zorn

Habe meinen Wirkungskreis erweitert. Das kam so: Die Person tratschte bei offener Wohnungstür mit der Nachbarin zur Rechten, deren Wohnungstür offenstand. Während die Damen small talken, schiebe ich mich vorsichtig neben die Person, dann an der Person vorbei.

Entdeckung durch die Nachbarin. Entzükkungsschreie. »So ein liebes Viecherl . . .!« etc. Wenn ich auch wenig Wert darauf lege, als »liebes Viecherl« bezeichnet zu werden, so rührte mich doch die ehrliche Begeisterung der einfachen, aber herzensguten Frau.

Um es kurz zu machen: Ich habe ab jetzt Zutritt zum Domizil der Herzensguten. Es sei ja ein Jammer, daß ich allein sein müsse, während die Personen oft den ganzen Tag außer Haus sind. In dieser Zeit könne ich gern bei ihr – und so fort.

Die Herzensgute hat keine Ahnung, wie sehr ich meine stillen Studierstunden schätze, sie scheint mir eine wenig kontemplative Natur. Andererseits will ich sie, wenn sie Gesellschaft sucht, nicht rüde zurückweisen. Also werde ich ihr in Zukunft ein wenig Zeit widmen. Ich hoffe nur, daß ich meine geisteswissenschaftlichen Forschungsaufgaben nicht zu sehr vernachlässigen muß.

Die Wohnung der Herzensguten roch interessant nach Gulasch. Sie wollte mir auch sofort bereitwillig etwas aus dem großen Topf abgeben, der auf ihrem Herd stand, aber die Person vereitelte das. Bitte nicht! Nichts Gewürztes! Kein schieres Fleisch! Katzen brauchen nämlich . . .

Die Person glaubt allen Ernstes, Katzen brauchen Gourmethäufchen aus dem Blechnapf statt frisch gekochtem Rindergulasch. Und überhaupt bin ich sauer, daß sie mich bis in die Küche der Herzensguten verfolgt hat. Man wird doch einmal allein ausgehen dürfen, Herrgott! Dieses Geklammere kann unserer Beziehung unmöglich nützen. Hat sie denn kein Vertrauen zu mir?

Was passieren soll, passiert sowieso. Heute hat mich die Herzensgute mit Räucherhering gefüttert. Recht delikat.

Bei der Herzensguten liegt bemerkenswerte Lektüre herum. Ich wußte bisher gar nicht, daß es solche Druckwerke gibt. Zunächst war ich sehr angetan, weil ich mir von ihnen eine zeitgeschichtliche Ergänzung meiner historischen Kenntnisse versprach. Mein monarchisches Wissen hört ja praktisch bei Kronprinz Rudolf auf, über den die Personen eine lehrreiche Biographie im Regal stehen haben.
Inzwischen hege ich allerdings Zweifel, was die wissenschaftliche Seriosität der Schriften betrifft, in die ich bei der Herzensguten Einblick nehmen durfte.
So war ich zum Beispiel erstaunt zu lesen, Queen Elizabeth zürne ihrer Schwiegertochter, einer Herzogin Sarah, weil diese Sarah ihre Hausfrauenpflichten vernachlässige.
Hausfrauenpflichten? Ich suchte nach einer Fußnote, aber keinerlei Hinweis klärte mich auf, was darunter bei einer Herzogin zu verstehen ist.
Die Herzensgute, die in meiner Gegenwart ein längeres Telefongespräch führte, meint offenbar, die Queen sei erbost, weil die Herzogin es verabsäumt, regelmäßig mit dem Staubtuch über die Nippes zu gehen. Jedenfalls äußerte sie sich in diesem Sinn am Telefon.
Die Herzensgute äußerte sich auch über an-

dere hochadelige Damen. Eine Königin Silvia (?) soll Probleme mit dem Kindermädchen haben, weshalb sie abends nicht mehr ausgehen könne, und eine Fürstin, deren Name mir entfallen ist, läßt es sich angeblich nicht nehmen, ihrem Gemahl allmorgendlich das Frühstück ans Bett zu bringen.

Es scheint die Herzensgute zu trösten, daß die adeligen Damen auch nicht darum herumkommen, ihre Zeit mit Staubwischen, Windelwechseln und der Zubereitung dicker Bohnen zuzubringen, zumindest nach den Informationen, die der Herzensguten vorliegen.

Ich überlegte, ob sie beim Vorliegen anderer Informationen zu Aufruhr und Meuterei neigen würde, weshalb die Druckwerke vielleicht die Aufgabe hätten, beruhigend auf sie und ihresgleichen einzuwirken, doch wie ich sie auch betrachtete, ich konnte sie mir nicht so recht als Revolutionärin vorstellen.

Dachte nach, ob ich im Fall von Trostbedürftigkeit gerne lesen würde, daß auch preisgekrönte Perserkatzen letztendlich mit »Schmatzischmaus« aus der Dose abgespeist werden. Ich glaube nein. Zöge die Schilderung wüster Gelage mit frischem Lachs, Trögen voll Leber und literweise Sahne vor.

Etwas anderes heiterte mich auf: Die Herzens-

gute hat keine Katzengitter vor den Fenstern! Fand heraus, daß ich ein ausgesprochen risikofreudiger Typ bin. Spazierte die Simse entlang und ließ meine Nerven vom Verkehrslärm zwei Stockwerke unter mir kitzeln. Über mir Tauben. Hinterlistiges Gegurre. Sollen sie gurren. Im Unterschied zu dem Idioten, den die Personen in mir vermuten, bin ich nicht gewillt, mir den Hals zu brechen, nur weil mich ein verantwortungsloser Vogel provoziert.
Überwältigendes Gipfelstürmergefühl auf der Loggiabrüstung neben den Schlafzimmerfenstern der Herzensguten: die Stadt mir zu Füßen. Möglicherweise habe ich Luis Trenker bisher unrecht getan.
Abends, daheim, erzählt die Person dem Person von meiner neuen Verpflichtung. Der Person fragt, ob jetzt Gott behüte eine innige Freundschaft von ihm erwartet wird. Die Person wirft ihm Hochmut vor. Der Person sagt: »Ich weiß, wovon ich rede. Hast du mal gesehen, was die so liest?«
Anscheinend findet er ebenfalls, daß das biographische Material, das die Herzensgute gesammelt hat, wissenschaftlich nicht haltbar ist. Die Person kichert. »Hast du Angst, der Kater verdirbt sich bei ihr seinen literarischen Geschmack?« fragt sie.

»Vielleicht«, erwidert der Person.
Die Person kichert wieder. Sie braucht gar nicht zu kichern. Wenn eine/r von uns die Kronprinz-Rudolf-Biographie nicht zu Ende gelesen hat, dann bestimmt nicht ich.

Eine herzensgute Frau

Die Herzensgute ist in ihrer Herzensgüte bisweilen etwas mühsam. Dieser Tage erstand sie ein Katzenkörbchen für mich. Es ist mit schwellenden Kissen gepolstert, und ich käme mir, wenn ich es benützte, wie ein Transvestit vor, der eine kätzische Hollywood-Diva mimt. Selbstverständlich hege ich keinerlei feindselige oder verächtliche Gefühle gegenüber Transvestiten, aber Tatsache ist nun mal, daß ich nicht das Bedürfnis habe, auf schwellenden Kissen zu thronen oder Schleifchen zu tragen. Ich sage das voll düsterer Besorgnis, denn ich traue es der Herzensguten zu, daß sie mich zu schmücken versucht. Zumindest ein Halsband ist meinen Befürchtungen nach fällig.
Leider habe ich nicht den Eindruck, daß die Personen mir bei der Ablehnung dieser Dinge zur Seite stehen werden. Sie sind der Herzensguten nämlich geradezu beleidigend dankbar

dafür, daß sie sich um mich kümmert, so als wäre ich ein mißratener Sprößling, dessen Eltern heilfroh sein müssen, wenn ihrem kleinen Monster ein bißchen Zuneigung entgegengebracht wird. Das haben sie doch nicht nötig! Sie sollten der Herzensguten lieber klarmachen, daß es eine Vergünstigung ist, wenn sie mir erlauben, die herzensgute Wohnung zu zieren.

Die Person hat eine Freundin, die gelegentlich ihr Junges vorbeibringt. Das Junge reißt Blumentöpfe herunter und Zeitungsseiten entzwei, es kippt Kaffee über den Teppich, leert Aschenbecher in Schuhe, meuchelt Jugendstilfiguren und beißt brüllend um sich, wenn man es an der Erfüllung dieser selbstgestellten Aufgaben zu hindern versucht.

Die Person schaut immer ziemlich zerknittert drein, wenn sie sich drei Stunden lang lustige Spiele ausgedacht hat, um den kleinen Gast auf andere Ideen zu bringen.

Die Kindsmutter bemerkt es nie. Strahlend wirbelt sie zur Tür herein, eine Glücksfee, die der Freundin einen erfüllten Nachmittag beschert hat. Nie käme sie auf die Idee, sich dankbar zu zeigen dafür, daß sie ihr Junges großzügig einem anderen Menschen zur Anbetung überlassen hat.

Von ihr sollten die Personen lernen, statt der Herzensguten unter Bücklingen zu beteuern, wie erleichtert sie seien, daß ich bei ihr so gut aufgehoben ...

Und das, wo ich fast nie beiße – und Blumentöpfen nur in Phasen äußersten Mißmuts den Garaus mache!

Die Herzensgute ist infolge der schamlosen Schmeicheleien wie gesagt auf Omnipotenzkurs. Zärtlichkeiten an wogendem Busen (viel zu stürmisch, wenngleich nicht ganz unangenehm, weil die Herzensgute stets von köstlichen Küchendüften umweht wird und nicht von blumigen Parfüms wie die Person), tägliches Bürsten, Einrichtung eines »behaglichen Plätzchens« für mich.

Was für ein Unfug. Ich brauche keine speziellen Plätzchen, ja, ich lehne sie als restriktive Maßnahme vielmehr entschieden ab. Auf bestimmte Lokalitäten verwiesen zu werden, betrachte ich als Diskriminierung, die ich meinerseits niemandem zumuten würde.

Von mir aus dürfen meine Menschen jedwedes Plätzchen in meinen Wohnungen benützen. Aber: Toleranz gegen Toleranz. Ich möchte dafür bitte auch nicht in Katzenkörbchen (was für ein Wort! Fellsträubend!) ruhen sollen. Falls mir nach Korb zumute ist, kann

ich mich jederzeit im Brotkorb niederlassen. Die Personen haben das von Anfang an begriffen. Anders, wie gesagt, die Herzensgute. Immer wieder klopft sie einladend auf die Kissen des Unaussprechlichen. Manchmal schleppt sie mich sogar hin und drückt mich darauf nieder. Offenbar meint sie, Liebe äußere sich dadurch, daß das liebende Wesen besser als das geliebte Wesen weiß, was für das geliebte Wesen gut ist.

Ein verhängnisvoller Irrtum, der meinen Studien zufolge schon mancher Beziehung geschadet hat.

Apropos schadhafte Beziehung: abends dann bei den Personen. Einige Zeit hindurch die schönste Harmonie. Wir lungern zu dritt im Bett und ackern uns durch die Leitartikel der Zeitungen vom nächsten Tag. Von Zeit zu Zeit murren die Personen, weil ich sie angeblich beim Lesen behindere, wenn ich mich mitten auf die Zeitungsseiten lege. Egoistisches Pack. Wie sonst soll ich mich wohl in meine Lektüre vertiefen?

Plötzlich versaut der Person die Stimmung durch seine Gedankenlosigkeit.

Ich lese gerade eine eher mäßige Analyse der US-Politik im letzten Jahrzehnt, als er spöttisch auflacht. »Was gibt's?« fragt die Person.

Er tippt auf die Klatschspalte eines Boulevardblatts. (Es erscheint mir nicht unsymptomatisch, was wer von uns liest.) »Ich amüsiere mich über das da«, sagt er – sein Finger sticht auf das Foto einer vollbusigen Blondine nieder –, »die verkaufen die hier als Sängerin, dabei . . .«
Betreten hält er inne. Zu spät. »Du kennst sie?« fragt die Person mit gepreßter Stimme.
»Na ja«, erwidert der Person leichthin, »von früher. Eine Sandkastenfreundschaft sozusagen.«
Dieser arme Idiot! Offenbar kann und kann er sich nicht merken, daß er über 25 ist, geschweige denn wieviel darüber.
Die Person faucht, ob er sie für vertrottelt hält. Der Person versteht nicht, was sie meint.
»Ich meine«, sagt die Person, »daß einer von uns vertrottelt sein muß. Vielleicht du, weil du bis zu deiner Volljährigkeit im Sandkasten gespielt hast.«
»Volljährigkeit?« fragt der Person.
»Herrgott!« schreit die Person. »Wie willst du denn die da sonst aus dem Sandkasten kennen?«
Der Person erwidert würdevoll, daß er keine Lust habe, sich einem Verhör zu unterziehen. Wenn die Person darauf aus sei, Detektiv zu

spielen, solle sie sich einen Spielgefährten suchen.
»Ist gut«, sagt die Person. »Ich werde in den Sandkästen herumfragen.«
Sie steht auf und verschwindet türenknallend im Bad.
Der Person seufzt. Später wird er der Person sicherlich vorwerfen, daß sie ihn zu sehr einenge.
Ob er sich von ihrer Eifersucht vergewaltigt fühlt, wie ich mich von der Fürsorge der Herzensguten?
Vielleicht fühlt sich die Person aber ihrerseits vergewaltigt? Die Brutalität, mit der der Person ihr jegliche Eifersucht austreiben will, impliziert ja ebenfalls einen Machtanspruch.
Die Person hat sich angezogen und verläßt die Wohnung.
Der Person verläßt das Bett und blättert in seinem Telefonbuch.
Ich schließe die Augen. Fast sehne ich mich nach der heilen Welt eines Katzenkörbchens.

Noch 'ne Krise

Der Person ist ausgezogen, vorübergehend, wie es heißt. Mich hat wie üblich niemand gefragt. Ich wäre dagegen gewesen. Ich vermisse den Person. Er riecht angenehm.
Er verhält sich leise. Er bleibt lange im Bett. Ohne eine Person im Bett zu liegen ist nicht das Wahre, man weiß gar nicht so recht, wohin mit dem Kopf und wohinein mit den Krallen. Man mag es Faulheit nennen, was den Person auszeichnet. Ich nenne ihn den ruhenden Pol. Ein ruhender Pol ist sehr wichtig in einem Haushalt, in dem eine derart hektische Person umgeht wie die Person.
Der Reihe nach: Eines Morgens verabredet sich die Person mit dem Person für abends in einem bestimmten Lokal. Dort sitzt sie dann längere Zeit mit Freunden, aber ohne den Person, weil er erst um zwei Uhr früh in der Wohnung auftaucht. Die Person, wie so oft, stink-

sauer. Der Person, wie so oft, vollkommen unschuldig. Erstens hat er die Verabredung überhört. Zweitens hat er ein anderes Lokal verstanden. Drittens hat er vor Tagen angekündigt, daß er länger würde arbeiten müssen. Viertens weiß die Person genau, daß er die Freunde, mit denen sie sich und ihn verabredet hat, in letzter Zeit nervtötend findet, weshalb er gezwungen war, ihnen aus dem Weg zu gehen.
Die Person brüllt. (Diese Stimme! Ich verschwinde unter den Schrank.) Die Person brüllt, daß sie den Person satt habe. Das angenehmste Leben könnte sie führen ohne ihn.
Natürlich erhofft sie sich Zerknirschung, Reue, Kniefall, Besserungsgelübde. Statt dessen stimmt ihr der Person ernsthaft zu. Vielleicht habe sie recht. Nicht ständig zusammenkleben. Abstand gewinnen. Zu sich selbst finden.
Die Person starrt mit offenem Mund. (Ich sehe es von unter dem Schrank.)
Zu sich selbst finden! Wenn ich das schon höre! Bei welchem Mädel ist er sich denn diesmal wohl abhanden gekommen?
Obwohl die Person kleinlaut eingesteht, daß sie's sooo gar nicht gemeint hätte, bleibt der Person dabei, eine einstweilige Trennung als Annullierung allen Unbehagens zu propagieren.

Und jetzt ist er weg, samt Pfeifen, Globus und 24 Bänden Literaturlexikon. Die Person tröstet sich damit, daß er nur das Nötigste mitgenommen habe. Sie sieht seine Jacken im Schrank, sein Rasierwasser im Bad und seine Skischuhe im Keller als sicheren Hinweis auf seine Rückkehr an, aber ich mutmaße, daß er bloß zu bequem war, seine gesamte Habe zu packen, zumal er das Skilaufen mehr oder weniger aufgegeben hat.
Die Person tröstet sich, sage ich, doch genaugenommen kommt mir die Person ziemlich ungetröstet vor. Griesgrämig hängt sie Abend für Abend zu Hause herum und schaut sich Fernsehsendungen an, in denen frustrierte Ehefrauen jede Menge Anbeter parat haben, um es ihren Männern heimzuzahlen.
Anhänglichkeit resultiert, wie man weiß, häufig aus einem Mangel an Versuchungen. Ich bin überzeugt, die Person seufzte dem Person weniger elegisch hinterher, wenn ihr die eine oder andere Ablenkung über den Weg liefe. Aber es scheint nix zu laufen.
Vorige Woche hängte sie sich ans Telefon und versuchte, sogenannte alte Freunde zu revitalisieren. Anders als in Film und Fernsehen zeigten die alten Freunde, wie ich mithören konnte, wenig Neigung, die Verehrung von

ehedem wieder ins Programm aufzunehmen. Einer war frisch verliebt (jedoch nicht in die Person), ein anderer schlug ein Abendessen zu dritt vor, allerdings nicht zu bald, weil seine Frau zur Zeit wenig Zeit habe, der dritte wollte Ratschläge zum Herumkriegen einer bis dato wehrhaften Dame, vielleicht wisse meine Person, wie . . .
Mist. Die Person stopft sich mit Popcorn und Schokolade voll und vergißt glatt, meine Eßschüssel nachzufüllen.
Freundinnen kommen vorbei und sagen der Person, sie müsse lernen, ihr Selbstwertgefühl nicht von Männern abhängig zu machen. Ganz meine Meinung! Anschließend eilen die Freundinnen ans Telefon und turteln zwitschernd mit ihren Herzallerliebsten.
Die Person schaut umflort und schaufelt Pralinen in ihren Mund. Die Freundinnen sagen, sie hat recht, daß sie sich dem Diätterror nicht beugt. Aber ich kenne die Person: Sobald sie ihre Jeans nicht zukriegt, flucht sie gotterbärmlich und zeigt keine Ambition, dem Diätterror stolz üppige weibliche Formen entgegenzusetzen. (Zumal ich den Verdacht habe, daß sie keine üppigen weiblichen Formen kriegt, wenn sie zunimmt, sondern bloß einen Bauch.)

Auch die Herzensgute schwirrt an, mit einem Stück Kuchen in der Hand und Mitleid in der Stimme.
Sofort richtet sich die Person würdevoll auf und weist das Mitleid zurück. Im Grunde sei sie eine einzelgängerische Natur. Von ihr seien schließlich die Zweifel am Sinn der Zweierbeziehung ausgegangen.
Die Herzensgute nickt eifrig. Manchmal frage sie sich auch, bekennt sie, ob sie nicht ohne ihren Mann besser dran wäre. Das viele Hemdenbügeln! Das ewige Kochen! Und dann bloß einsilbige Antworten. (Um Himmels willen, die gute Frau wird doch ihre Kreativität nicht plötzlich durch Töpfern ausleben wollen statt am Herd?)
Sieghaft lächelt die Person. Ganz recht. So sieht sie es auch. Die Herzensgute blickt bewundernd zu ihr auf.
Diese Personen mit ihrem Kult ums Alleinsein! Dauernd quatschen sie davon, und dabei halten sie es ja doch nicht durch. Vor allem die männlichen Personen nicht. Wenn die vom Alleinlebenmüssen schwärmen, dann meinen sie, daß sie allein bestimmen wollen, mit welcher weiblichen Person sie wie lange leben möchten.
Ich gebe offen zu, daß ich Gesellschaft brau-

che, und zwar die menschlicher Personen – nicht unentwegt, aber doch regelmäßig. Die Gesellschaft von Artgenossen brauche ich nicht, weil Artgenossen dazu neigen, einem das Gehackte vom Teller zu fressen und zur selben Zeit am selben Ort schlafen zu wollen wie man selbst.
Vielleicht sollten die Personen sich ein Beispiel an mir nehmen und die Gesellschaft von unsereinem der ihrer Artgenossen vorziehen? Wäre günstig für sie. Keine Rivalitäten, keine Machtkämpfe, weil unsere Überlegenheit keiner Klarstellung bedarf.
O du Person. Lächelt sieghaft mit weinerlichen Mundwinkeln. Ich stupse sie aufmunternd. Der Person wird bald wieder da sein. Ich weiß es. Lange hält er es sicherlich nicht aus. OHNE MICH.

Nichts als Unsinn!

Als der Person von zu Hause auszog, um zu sich selbst zu finden, war jedem und jeder klar, daß er sich nicht gerade in tiefster Waldeinsamkeit suchen würde. Jedem und jeder – außer ihr. Sie ist zutiefst enttäuscht, daß der Person sein wahres Selbst – oder wenigstens das, was er derzeit dafür hält – an der Seite einer anderen Frauensperson aufgestöbert hat. Die andere Frauensperson gehört zu einem Menschenschlag, den der Person stets mit scharfen Worten zu geißeln pflegte. Sie lebt von den reichlichen Zuwendungen betuchter Eltern und eines ebenfalls betuchten Exehemanns, sammelt Prominenz und liest, wie der Person hinterbracht wurde, nicht mal Bestseller, geschweige denn die Sorte Literatur, die dem Person angeblich am Herzen liegt.
Der Person sieht es als seine Aufgabe an, so wird berichtet, die Society-Gans, als die seine

neue Flamme bisher erschien, in die Intellektuelle zu verwandeln, die sie eigentlich sei.
Wer wen tatsächlich verwandeln wird, dürfte allerdings noch offen sein, denn fürs erste wird der Person, dieser aufrührerische Geist, verdächtig oft auf Partys gesehen, auf denen bestimmt niemand »Die Einübung des Ungehorsams« diskutiert.
Die Person leidet, zum einen überhaupt und zweitens, weil sie nicht mal laut sagen darf, daß sie die nunmehrige Begleiterin des Person für eine hirnlose Ziege hält. Eine solche Bemerkung würde als kleinliche Gehässigkeit interpretiert. Kleinliche Gehässigkeit ist das letzte, was sie nach Meinung ihrer Umgebung an den Tag legen sollte. Von Personen in der Lage der Person wird erwartet, daß sie sich mit Geschmeidigkeit und Großmut in die neuen Verhältnisse fügen.
Das bereitet der Person insofern Pein, als es sie wirklich beschäftigt, warum der Person ihr eine Frauensperson von der Sorte Frauenspersonen vorzieht, für die er bisher nur kalte Verachtung übrig zu haben vorgab. Aber wann immer sie diese Frage anschneidet, bekommt sie zu hören: »Du bist voreingenommen. Versuche doch, ein bißchen großzügiger zu sein!«
Ich, der ich weiß, daß es ganz einfach ein Feh-

ler ist, irgendeine Beteuerung des Person ernst zu nehmen, könnte sie aufklären zwischen ernsthaften Prinzipien und eitlem Geschwätz – aber vielleicht ist es besser für ihren Seelenfrieden, daß ich mich ihr nicht verständlich machen kann. Es würde ihr nicht gefallen, in einen eitlen Schwätzer verliebt gewesen zu sein. Personen achten meistens darauf, daß Wesen, die sie mögen, ihrer Zuneigung auch würdig sind. Mir ist das schnurz. Mir gelingt es, den Person zu mögen, obwohl ich ihn für einen Nichtsnutz halte.

Ein weiteres Dilemma für die Person ist, daß sie glaubt, jetzt ebenfalls in Begleitung auftreten zu müssen. Sie würde sich, vertraute sie einer Freundin an, gar zu kläglich vorkommen, wenn sie bei einer Theaterpremiere, zu der der Person sicherlich seine neue Liebste mitschleppte, solo aufkreuzte.

Die Freundin bot ihren Gemahl als Kavalier an. Dieses Anerbieten wurde von der Person zwar als Freundschaftsdienst gewürdigt, ansonsten jedoch verworfen. Alle wüßten schließlich, daß dieser Mann nicht zu ihr gehöre: »Vergiß es!«

Alle? Die Person hat normalerweise keinen Hang zum Größenwahn, aber wenn sie gerade in Unsicherheit badet, ist sie überzeugt, die

ganze Welt drehe sich um sie – nämlich in der Form, daß die ganze Welt darauf lauere, wie sie sich lächerlich machen wird.
Sagte ich schon, daß die Person mir leid tut? Ich fürchte, ich sage es ständig. Aber es erstaunt mich auch immer wieder aufs neue, wie ein an sich von der Natur keineswegs stiefmütterlich bedachtes Geschöpf sich so beharrlich zum Würstchen macht.
Wobei mich, das möchte ich betonen, keineswegs bloß Mitleid an ihrer Seite hält.
Zwar wäre sie arm dran ohne meinen Beistand, aber neben der Verantwortung, die ich für sie empfinde, bringe ich ihr auch Liebe und Bewunderung entgegen. Sie hat zärtliche Hände. Sie hat einen klugen Kopf. Sie geht diszipliniert und mit einigem Erfolg ihren Geschäften nach, so daß wir unser Auskommen haben. Ihre Augen sind fast so hintergründig wie meine. Sie ist vernünftig und erwartet nicht, daß ich ihr Mäuse zu Füßen lege.
Warum nur waren ihre Erwartungen in bezug auf den Person stets so unrealistisch?
Nun also die leidige Begleiterfrage: Trotz klugen Kopfes und beachtlicher Augen glaubt die Person sich mittels tatsächlichem oder vorgeschütztem Verehrer aufpolieren zu müssen. Und obwohl sie die neue Freundin des Person

doch für eine alberne Schnepfe hält, hängt ihr Selbstvertrauen davon ab, ob sie der Schnepfe einen Märchenprinzen entgegensetzen kann. Das Fatale ist: Sie kann nicht.

Zwar hat sie sich schon in letzter Zeit gelegentlich mit diesem netten Bankmenschen getroffen, den der Person und sie seinerzeit bei einer Abendeinladung kennengelernt haben und der mittlerweile ebenfalls geschieden ist, aber ... Was aber? Der Bankmensch war mal hier, und anstelle der Person würde ich die Bekanntschaft mit ihm hegen und pflegen. Er hat an der Tür sorgfältig seine Schuhe abgeputzt. (Daraus schließe ich, daß er das Reinigen schmutziger Fußböden nicht achtlos an andere delegiert.) Er hat der Person das neueste Buch von Claire Bretécher mitgebracht, weil er sich erinnern konnte, daß sie sich bei der seinerzeitigen gemeinsamen Einladung als Bretécher-Fan deklariert hat. Er hat der Person aufmerksam zugehört und vor ihrem und seinem Aufbruch ins Kino die gebrauchten Weingläser in die Küche getragen.

Dieses und anderes ist der Person, sagt sie, durchaus angenehm aufgefallen, jedoch ... Was jedoch?

Der Person, sagt die Person, hat den Bankmenschen damals als Spießer abgetan, und wenn

sie sich jetzt mit dem bei der Premiere zeigt, wird der Person bloß höhnisch lächeln.
Das darf nicht wahr sein! Habe ich behauptet, die Person hätte einen klugen Kopf? Ich nehme es zurück. Ich spreche der Person überhaupt alles mögliche ab. Einem Wesen, das den Person zum Maß aller Personen macht, dem ist nicht zu helfen.
»Ich glaube, ich gehe gar nicht hin zu der Premiere!« sagt die Person trotzig zu ihrer Freundin.
Ja, ja, bleib nur weg. Hoffentlich triffst du demnächst den Bankmenschen mit einer Märchenprinzessin an seiner Seite.

Mutters Liebling

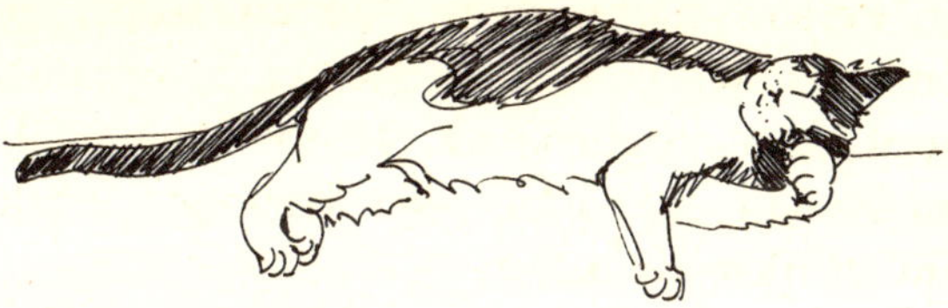

Der Bankmensch, der seit einiger Zeit um die Person herumstreicht, war wieder hier. Ich mag ihn. Er hat die Person gebeten, den CD-Player zu schonen, als sie lärmende Musik über uns hereinbrechen lassen wollte. (Die Person hat eine unselige Neigung, nach Wochen, die wir beschaulich mit Bach und Monteverdi verbracht haben, meine Ohren plötzlich mit grellen Tönen zu quälen. Sie kommen meist von einem Herrn Grönemeyer oder einem Herrn Ringsgwandl und werden mir dadurch nicht lieber, daß die Person mit den Herren im Duett zu singen versucht. Wenn ich mich dann unters Sofa verziehe, lacht die Person herzlos und behauptet, sie wisse schon, wo mich der Schuh drücke: Wahrscheinlich wühle der Gesang in mir schmerzliche Erinnerungen an die Zeiten auf, da ich selbst noch sangesfreudig unterwegs gewesen sei. Es hört sich

an, als hätte ich eine Vergangenheit wie Falstaff.
Dabei haben mich die Personen nach dem ersten Ständchen, das ich einer bezaubernden graugestreiften Katzendame von gegenüber darzubringen trachtete, zum Tierarzt geschleift, und der hat sowohl meine Sangeslust wie mein Interesse an Katzendamen ein für allemal unterbunden.)
Zurück zum Bankmenschen. Er liebt wie ich die Stille. Er krault mich nicht zudringlich am Bauch. Er hat gefragt, warum ich kein frisches Fleisch vorgesetzt bekäme.
Leider verhält sich die Person ihm gegenüber nach wie vor äußerst distanziert. Zu Freundinnen sagt sie, sie könne ihn gut leiden, aber es funke nicht. Ist sie Kaminholz, dessen Daseinszweck im Lodern liegt?
Dann taucht dieser Tage diese Kollegin von ihr auf. Ob die Person sich noch an den niedlichen Sowieso erinnere, mit der etwas dramatischen Frau – die Person sei ihm einmal im Hause der Kollegin begegnet?. Ja? Also, von der dramatischen Frau sei er mittlerweile getrennt, und sie, die Kollegin, habe den Eindruck, das Alleinsein setze ihm sehr zu. Man habe ihn neulich in der Innenstadt getroffen. Er habe niedergeschlagen gewirkt. Auch dem

Ehemann der Kollegin sei das aufgefallen. Schon planschen Person und Kollegin in warmem Mitgefühl. Nichts gegen Frau Sowieso – eine attraktive Frau, eine interessante Frau, eine hochintelligente Frau, unbestritten, aber halt offenbar nicht die richtige Partnerin für den niedlichen Sowieso. Von ihm weiß die Kollegin zu berichten, daß er ein Träumer sei und ein Romantiker und wahnsinnig sensibel. Schon schmieden Person und Kollegin aus ihrem warmen Mitgefühl heraus Rettungspläne. Ein Plan besteht darin, daß die Person den Niedlichen sowie ihre Kollegin und deren Mann samt weiteren Freunden zum Abendessen einladen wird. Damit der Niedliche aus seiner Einsamkeit gerissen wird.
Die Person tüftelt über Speisefolgen und kauft ein und räumt weg und kocht und legt eine bestickte Tischdecke von ihrer Großmutter auf. Ihre Augen glitzern. Sie trägt grüne Wimperntusche und ein Gewand, das ich vorher nie an ihr erblickt habe.
Ich liege auf Büchmanns »Geflügelte Worte« und fühle Besorgnis. Der Niedliche muß schon überirdisch niedlich sein, wenn er diesem Aufwand an Erwartungen und Vorbereitungen gerecht werden soll.
Das Telefon klingelt. Die Person nimmt ab.

»Du, ich hab's eilig, ich erwarte Gäste«, sagt sie ins Telefon. Dazu lacht sie albern.
Ich lege die Ohren an vor Pein. Sie geht summend ins Bad und kommt mit noch mehr grüner Wimperntusche auf den Wimpern wieder heraus.
Zum Glück treffen die Gäste ein, ehe sie ihr Gesicht zu einem Kleingarten umgeschminkt hat. Hereinspazieren: die Kollegin und ihr Mann. Küßchen, Küßchen. Dann ein Kollege. Umarmungen. Die Frau des Kollegen. Freudenslaute.
Und nun kommt einer, der muß der Niedliche sein, denn er ist mir neu. Der Niedliche sieht in der Tat niedlich aus, graugestreift wie meine erste Liebe, nur lockiger. Ja, aber, wen hat er denn da an seiner Seite?
»Das ist die böse Stefanie, von der du sicher schon gehört hast«, sagt der Niedliche launig zur Kollegin.
»Hab' ich nicht«, sagt die Kollegin.
Die böse Stefanie grinst unbekümmert. »Ich hab' ihn weggelockt vom ehelichen Herd.«
Hinterher, als die Kollegin und ihr Mann mit der Person allein sind, sagt die Kollegin: »Wer ahnt denn aber auch, daß so ein frisch Getrennter vom Markt ist, ehe er getrennt ist! Offenbar mußt du in ehestörerischer Absicht be-

reits an den Traualtären lauern, damit was läuft.«
Ihr Mann sagt: »Da siehst du, wie gut du dran bist, weil du mich hast.«
Die Person sagt: »Das war ja wieder mal typisch. Um ihn machen wir uns Sorgen, und seine Frau sitzt wahrscheinlich unbedauert allein daheim.« Anschließend trinken alle drei sehr viel Rotwein, besonders die Person und ihre Kollegin. Die falsche Ausgelassenheit, die sie den ganzen Abend über versprüht haben, hat sie wohl sehr angestrengt.
Man sollte meinen, der Reinfall würde den Bankmenschen im Kurs steigen lassen. Doch unglücklicherweise hat sich ein Zusammentreffen des Bankmenschen mit der Mutter der Person ergeben. Die Mutter findet den Bankmenschen reizend. So vernünftig. Kein Blender.
Fataler konnte es sich nicht fügen. Es ist der Person ein Bedürfnis, Männer, die ihrer Mutter gefallen, strikt abzulehnen.
Einer, der für ihre Mutter als Schwiegersohn in Frage käme, kann, meint die Person, unmöglich ein passender Mann für sie sein. Daß ihre Mutter ihn nicht ausstehen konnte, war, denke ich, eine der Hauptattraktionen des Person in den Augen der Person.

Armer Bankmensch. Die lobenden Worte deiner quasi Fast-Schwiegermutter waren eine Art Todesurteil für dich. Konntest du die Frau denn nicht wenigstens ein kleines bißchen verärgern?
Die Person will jetzt, sagt sie, ihren Fehler korrigieren und plant ein Abendessen für die ehemalige Frau des Niedlichen. Dabei schaut sie wohltätig drein und aufgeblasen vor Selbstgefälligkeit.
Ich frage mich, wie sie wohl reagiert, wenn die Exfrau des Niedlichen kommt und einen neuen Liebhaber mitbringt, der womöglich noch niedlicher ist als der Niedliche.
Wäre doch drin.

Besser Single?

Die Person, mit der ich lebe, kommt zunehmend besser damit zurecht, daß die männliche Person, die zu unserem Haushalt gehörte – von mir, wie vielleicht erinnerlich, der Person genannt –, diesen Haushalt verlassen hat.
Auch ich beginne mich damit abzufinden. Zwar bedauere ich es nach wie vor, vormittags allein im Bett liegen zu müssen, mit bloß ein paar Kissen zum Kuscheln, doch andererseits bleiben mir die Schreiduelle erspart, die früher unweigerlich und zuletzt in immer kürzeren Abständen stattfanden.
Gut so. Balsam für meine empfindlichen Nerven. Allerdings: Die Erkenntnis, daß der Person ohne mich zu existieren vermag, ist ebenso ärgerlich wie überraschend.
Schließlich war ich der festen Überzeugung gewesen, er würde meinetwegen zurückkehren. Daß er nicht einmal den Versuch unter-

nimmt, mich zu sehen, erstaunt mich und verwandelt die Wehmut, mit der ich zunächst an ihn dachte, in ein innerliches Achselzucken.
Eigentlich war sein Fell ziemlich struppig. Eigentlich stelle ich mir den wirklich komfortablen Kuschelpartner flauschiger vor.
Die Person, wie gesagt, arrangiert sich. Sie sieht wieder öfter den »Auslandsreport« statt monströser Schinken um Liebe, Leid und Laster. Falls sie doch in monströse Schinken glotzt, bleiben ihre Augen trocken. Neulich hat sie sogar gegähnt. Auch füllt sie regelmäßig meinen Eßnapf, hat ihren Pralinenverbrauch auf ein vertretbares Maß zurückgeschraubt und schläft nachts durch.
Sie arrangiert sich, sage ich; doch sie behauptet: Ich genieße meine Freiheit!
Nicht müde wird sie, diese ihre Freiheit bei jeder sich halbwegs bietenden Gelegenheit zu preisen. Endlich autonom, endlich keine Rücksichten mehr, endlich ganz sie selbst, ach, diese Wonne, nein, was für Chancen.
Ich betrachte sie, wie sie vor der Glotze gähnt, und sie kommt mir nicht viel kühner vor als zu den Zeiten, da sie unfrei an der Seite des Person vor der Glotze gähnte. Aber vielleicht äußert sich ein befreites Selbst nicht bei allen Personen durch kühnes Auftreten. Mag sein,

daß ich zu sehr am klassischen Drama hänge und deshalb unzeitgemäß assoziiere, wenn man mir das Stichwort »Freiheit« hinwirft.
Wie auch immer, die Person sieht sich als befreites Wesen, sie malt ihr neues Dasein, wenn sie darüber spricht (und sie spricht oft darüber), in glitzernden Farben.
Ihre funkelnden Schilderungen stehen in scharfem Gegensatz zu den Seufzern, die der herzensguten Nachbarin über die Lippen strömen, sobald sie ihr Ehejoch erwähnt (und sie erwähnt es oft).
Dieses Rücksichtnehmen, diese Einschränkungen, die lästigen Pflichten, die Verpflichtung als solche, und dann ist der Kerl von Ehemann auch noch eifersüchtig wegen nichts!
Ich beobachte das nicht zum ersten Mal: Während sogenannte Singles ihre singuläre Existenz gar nicht genug loben können, neigen Ehefrauen und -männer dazu, sich zu Opfergestalten zu stilisieren.
Soll man daraus schließen, daß eine Existenz als Single auf jeden Fall und immerzu vergnüglich ist, wohingegen Ehe auf jeden Fall und immerzu Frust bedeutet?
Ich ziehe diesen Schluß nicht. Vielmehr vermute ich, daß unter den Personen das Verheiratetsein nach wie vor als das beneidenswer-

tere Los gilt, weshalb Verheiratete ohne Prestigeverlust aufzählen können, was sie gern anders und bequemer hätten. Der Singlestatus, zumal wenn er auf weibliche Personen zutrifft, ist offenbar weniger angesehen. Darum sind Singles, scheint's, gezwungen, die angeblichen und tatsächlichen Vorteile dieser Daseinsform ständig zu betonen.

»Nein, wirklich«, sagt die Herzensgute gerade. »Sie können tun und lassen, was Sie wollen. Toll stelle ich mir das vor, toll. Heiraten Sie nie!« Ihre Stimme klingt heuchlerisch.

Die Person fragt, was ich an ihrer Stelle auch fragen würde: »Warum haben Sie denn geheiratet?«

Die Herzensgute schaut treuherzig. Ihrem Mann zuliebe, erwidert sie. Der hätte sie unbedingt ehelich an sich binden mögen.

Sie lächelt verschämt, ein wildes Räubermädchen, das eingefangen werden mußte, ehe es weitere Herzen rauben und darauf herumtrampeln konnte.

Ich merke der Person an, daß sie Mühe hat, sich unsere brave Nachbarin, diese wogende Erscheinung mit der wetterfesten Dauerwelle, in einer solchen Rolle vorzustellen.

Inzwischen redet die Herzensgute weiter. Auch heute sei ja ihr Mann derjenige, welcher.

Nie würde er über die Runden kommen ohne sie. Der finde allein ja nicht mal ein Paar Socken im Schrank.
Moment mal, Moment! Was will sie denn nun sein? Eine eingefangene herzensräuberische Prinzessin oder ein energiesparendes Sockensuchgerät?
Was haben Socken mit Liebe zu tun? fragt denn auch die Person sinngemäß, worauf wiederum die Herzensgute verwirrt schaut.
Ich halte die Konversation nicht länger aus und verziehe mich in die Küche, wo ich die beiden Schnitzel verzehre, die mir die Herzensgute freundlicherweise mitgebracht hat.
Plötzlich gräßliches Geschrei. Die Person ist mir gefolgt und fuchtelt und plärrt. Die Schnitzel waren kein Mitbringsel der Herzensguten, sondern ein Vorratskauf der Person, und zwar für sie, nicht für mich.
Wenn schon. Schäbiger Standpunkt.
Telefon. Die Person nimmt ab und schnaubt hinein: »Ich hab' dir doch bereits gesagt, das geht nicht. Ach, Quatsch. Der hat dich längst vergessen.«
Wer hat wen vergessen? Die Person erklärt es nachher der Herzensguten: Der Person hätte vorbeikommen wollen. Unter dem Vorwand,

mich zu besuchen – als ob ich mich überhaupt noch erinnern könnte.
Was? Na, und wie ich mich erinnern kann! Außerdem: Was heißt Vorwand? Ich bin der einzig denkbare Grund.
Vergrämt ducke ich mich unter der Hand weg, die die Person versöhnlich nach mir ausstreckt, und springe auf das Gewürzbord. Nicht der schlechteste Ort, um zwei Schnitzel zu verdauen.
Ich lege mich hin und schließe die Augen. Lieber alter Person. So flauschig. So kuschelig. So wattewolkenweich.

Der Neue

Für die Person, mit der ich lebe, interessiert sich jetzt einer, der ist ganz erstaunt, daß sich die Person noch nie für das Prinzip des Wankelmotors interessiert hat. Er selber kann es genau erklären. Er kann auch erklären, inwiefern bestimmte Bodenluftwaffen anderen Bodenluftwaffen überlegen sind, während sich die Person immer damit begnügt hat, Kriege schrecklich zu finden. Der, der sich für die Person interessiert, aber auch für den Wankelmotor, meint, daß das nicht genug ist. Um Waffen abzulehnen, müsse man, sagt er, auch wissen, wie sie funktionieren. »Ich weiß ungefähr, was sie anrichten können«, sagt die Person. »Das reicht mir.« Ihm reicht das nicht. Er weiß nämlich nicht nur, wie Waffen und Motoren funktionieren, er weiß auch, worüber ein einigermaßen intelligenter Mensch heutzutage

Bescheid wissen muß, wenn er nicht als Ignorant gelten will.

Es hört sich an, als habe die Person all die Jahre bloß Kleider eingekauft und ihre Nägel lackiert, statt ihr Hirn zu gebrauchen. Dem ist aber nicht so. Die Person mag zwar nichts über Waffen wissen und nicht übertrieben viel über Währungspolitik, doch dafür kennt sie sich auf dem Gebiet der Entwicklungspsychologie aus und in der Musik der Renaissance, und außerdem ist sie eine Spezialistin für den zeitgenössischen angelsächsischen Roman.

Der Mann, der sich für Motoren interessiert sowie neuerdings für die Person, hat wenig Ahnung davon.

Ist ja auch nicht notwendig, behauptet er. Wenn ihm nach Dichtung wäre, ginge er in eine halbwegs gepflegte Klassikeraufführung, das sei allemal bildender und erbaulicher als jedweder zeitgenössische Roman. »Wie kannst du das wissen, wenn du doch keine zeitgenössischen Romane liest?« fragt die Person.

Seltsamerweise erwidert sie aber das Interesse dieses Burschen. Ich betrachte es kopfschüttelnd. Hat die Person nicht immer behauptet, das Wichtigste an einer Liebesbeziehung sei für sie die geistige Übereinstimmung, und in einen, mit dem sie geistig nicht übereinstimme, könne sie sich gar nicht verlieben, schon deshalb nicht, weil sie nicht bloß ihres mehr oder weniger lockenden Leibes wegen begehrt werden wolle?

Ich frage mich: Was stellt sich die Person vor, woran dieser Knabe interessiert ist, wenn er sich zwar für sie interessiert, nicht aber für ihre Interessen? Und was reizt sie an ihm? Seine Intimkenntnis des Wankelmotors? Oder doch mehr sein ziemlich römisches Profil?

Aha. Die Person studiert aufmerksam einen Zeitungsartikel, der sich ausführlich mit den Rüstungsausgaben der Industriestaaten beschäftigt. (Ich habe ihn längst gelesen.)

Brav! Wie sie und wie ihr neuer Freund bin ich durchaus der Meinung, daß sie ruhig trachten soll, ihre Bildungslücken zu stopfen. Was mich irritiert, ist, daß ihr neuer Freund keine Anstalten trifft, seine Bildungslücken ebenfalls zu stopfen.

Die Situation erinnert mich an die Anfänge ihrer Beziehung zu dem Mann, der bis vor kurzem mit uns lebte und der bei mir »der Person« hieß.

Auch damals hat sie sich um die Erschließung neuer Horizonte bemüht, während er sich damit begnügte, ihr seine Interessen aufzuzwingen.

»Was?« fragte seinerzeit der Person, der ein Cineast war, entsetzt, »du hast ›M‹ nie gesehen, gibt's so was?«
Und schon rannte sie in Spezialkinos und las »Mr. Hitchcock, wie haben Sie das gemacht?« von Truffaut und kaufte sich »Die Geschichte des Films«, während der Person bis heute nicht weiß, was die Verhaltenstherapie von der Psychoanalyse unterscheidet.
Im Unterschied zu dem Knaben jetzt war der Person in technischen Fragen nicht nur unbeleckt, sondern ein geradezu hysterischer Gegner des kundigen Umgangs mit Apparaturen. Ein musischer Mensch wie er müsse an einem so grauenvoll seelenlosen Ding wie einem Videorecorder einfach scheitern, pflegte er zur Person zu sagen, wenn sie den Videorecorder auf den Nachtfilm programmierte und ihm damit einmal mehr bewies, daß sie es an künstlerischer Feinnervigkeit nicht mit ihm aufnehmen konnte.
Jetzt könnte sie die Musische hervorkehren. Aber wie damals mangelt es ihr auch heute am nötigen Selbstbewußtsein. Während die Männer, mit denen sie Umgang pflegt, ihre Schwächen spielend als Stärken zu verkaufen imstande sind, bringt sie es nicht einmal fertig, ihre Stärken zu verkaufen.

Gestern abend hat die Person dem neuen Mann in ihrem Leben (und damit leider auch in meinem Leben) einen ihrer Lieblingsfilme zeigen wollen, Truffauts »Die amerikanische Nacht«, einen Streifen, den auch ich sehr schätze – wobei ich allerdings hinzufügen muß, daß ich zunächst mal jeden Streifen schätze, der mir den würdelosen Anblick schnuckliger Kätzchen und speichelleckerischer Hunde erspart.
Die Person legte unter hymnischen Ankündigungen die Kassette ein, da trommelte ihr Herzbube bereits verstohlen mit den Fingern auf die Couch. Wenig später: Gähnen (erst verhalten, dann herzhaft), Dehnen, Strecken, Getätschel des Personenknies . . ., aber die Person lachte gerade über Truffaut; daraufhin Griff nach der Zeitungsseite mit dem Börsenbericht. »Ich verstehe nicht«, sagte an dieser Stelle der neue Mann im Leben meiner Lebensgefährtin, »wie du deine Zeit mit diesem Unsinn vertun kannst.«
»Ich«, erwiderte die Person, »verstehe so manches nicht an dir. Aber ich werfe es dir nicht vor.«
»Weil es da nichts vorzuwerfen gibt«, sagte der Mann mit dem Börsenbericht, »ich vertue meine Zeit ja nicht mit Unsinn.«

Genau wie der selige Person! Er bestimmt Sinn und Unsinn, er legt fest, was wichtig ist und was unwesentlich. Und er gibt sich nicht damit zufrieden, daß die Person wichtig zu nehmen beginnt, was ihm wichtig ist, nein, sie soll obendrein keinesfalls länger wichtig nehmen, was ihr bisher wichtig war.

Ach, könnte sich die Person doch bloß mit meiner Liebe begnügen! Es bliebe ihr mancher Frust erspart. Zwar fände ich es schön, wenn sie mein Interesse für frische Leber teilte, aber obwohl das nicht der Fall ist, leiste ich ihr schnurrend Gesellschaft bei »Harry und Tonto« – einem Film, in dem ein Kater sich nicht entblödet zu reisen! Einen Selbstloseren als mich findet sie nie!

Die Person schaut den Mann an ihrer Seite lange und nachdenklich an. An seiner Stelle würde ich mich nicht allzusehr auf die Anziehungskraft meines römischen Profils verlassen, zumal es sooo römisch auch wieder nicht ist.

Wiedersehen

Früher waren wir zu dritt: *die* Person, *der* Person und ich. Dann beschloß der Person, sich selbst zu verwirklichen und zog zu einer anderen Frauensperson. Inwiefern er dort wirklicher ist als bei uns, ist mir unklar, aber der Person war immer schon eine Erscheinung, die von den Nebeln der Ungewißheit umwallt wurde. Präzise Angaben sind im Zusammenhang mit ihm nicht zu erwarten. Vielleicht handelt es sich beim Person ja auch um Dr. Jekyll und Mr. Hyde, und er lebt bei der neuen Frau jetzt die andere Seite seiner Persönlichkeit aus. Dann ergibt sich allerdings die interessante Frage: *Wo* war – beziehungsweise ist – er *wer?* War er bei uns Mr. Hyde, oder ist er bei der Neuen noch biestiger?

Ich merke selbst, daß mein Ton gehässig wird, wenn ich vom Person spreche. Das hat seinen Grund.

Es fing damit an, daß der Person die Absicht äußerte, mich zu besuchen. »Bitte sehr«, sagte die Person am Telefon leicht patzig, »kannst ja vorbeikommen. Der Kater ist auf jeden Fall da. Ob ich auch da bin, wirst du schon sehen.«
Ich hörte es und wurde, ich gestehe es, sehr aufgeregt. Zwar habe ich nie viel vom Charakter des Person gehalten, aber das hinderte mich nicht, ihn zu lieben. Wir waren schließlich eine Familie. Wir haben zusammen Mükken gejagt. Ich habe auf seiner Brust geschlafen. Ich habe mit ihm von einem Teller gegessen. (Die Person durfte es nie sehen, sie fand das unhygienisch. Ich dagegen bin nicht so heikel. Der Person putzt sich regelmäßig die Zähne und ist gegen Tetanus geimpft, ich glaube nicht, daß er ansteckend ist.) Ich habe dem Person die Pullover, auf denen ich zu ruhen pflege, zum Anziehen geliehen.
Daher: große Freude bei der Vorstellung, ihn wiederzusehen.
Zum vereinbarten Termin sitze ich sozusagen in den Startlöchern, geschleckt und gestriegelt, bereit, zur Tür zu eilen, sobald ich die Schritte des Person auf der Treppe höre. Jedoch: Die Zeit verrinnt, und kein gehörter Schritt ist der des Person. Ich hocke mich aufs Fensterbrett im Wohnzimmer und überwache die Straße.

Autos parken ein und aus, fahren vorbei – das des Person ist nicht darunter. Der Tag, eben noch prall vor Verheißungen, schrumpft und wird grau. Die Möbel hinter mir werfen schwere Schatten. Ich krieche unter die Kommode.

Am Abend darauf, als wir es uns gerade gemütlich gemacht hatten – die Person hatte ihr Gesicht dick mit weißer Paste bestrichen und aß wie ich Thunfisch aus der Dose, allerdings nicht aus derselben –, ging auf einmal die Tür auf, für die der Person noch immer einen Schlüssel besitzt, und der Person stand vor uns.

»Heute? Wieso heute?« fragte die Person entgeistert.

Sie ärgerte sich, wegen der Paste im Gesicht, das war mir klar. Auch wenn sie für den Person nicht mehr als Objekt der Begierde fungiert, möchte sie ihn doch beeindrucken. Nein, falsch: Gerade weil der Person jetzt eine andere Person begehrt, will sie ihm vor Augen führen, welch beeindruckende Frau er aufgegeben hat, indem er sie aufgegeben hat, und dazu eignet sich weiße Paste im Gesicht ausgesprochen schlecht. Es muß bitter sein, wenn man nicht über die natürliche Anmut und Schönheit einer Katze verfügt.

Ich, der ich darüber verfüge, faßte mich schnell und saß blanken Blicks und geputzten Schnurrbarts erwartungsvoll vor dem Person, während er in der üblichen Manier beteuerte, daß von gestern nie die Rede gewesen wäre beziehungsweise daß es sich gestern nicht ausgegangen sei, weil –
Wieso hatte ich bloß angenommen, der Person würde einmal in seinem Leben pünktlich sein? Ich hatte es angenommen, weil er schließlich mit mir verabredet gewesen war und nicht mit der Person, die auf gebrochene Versprechen seinerseits abonniert ist. Ich bin es nicht. Mit mir hat er keine Konflikte auszutragen gehabt. Ich habe ihm nie Vorwürfe gemacht, ich habe nie mit ihm geschrien, ich wollte sein Sexualleben nicht einschränken, und es war mir schnurz, ob er beruflich vorankam.
Mir muß er nicht ausweichen. Im Gegenteil: Ich repräsentiere eindeutig den angenehmen Teil seiner Vergangenheit.
Daher rechnete ich damit, daß er sich als erstes mir zuwenden würde. Aber gefehlt: Er stapfte zu den Bücherregalen und begann auszusortieren, was angeblich ihm gehört.
Ob seine Augen Schaden genommen hatten in der Zwischenzeit? Ich machte mich bemerkbar, indem ich um seine Beine strich. Er tätschelte

lässig meinen Kopf. »Schon gut, Alter«, sagte er, »gleich.«
Wie bitte? Ich wanderte in die Küche und nahm, den Schwanz um meine Pfoten gelegt, vor dem Kühlschrank Platz. Früher hatten wir einen Lieblingssport, der Person und ich. Er schleuderte Käsestückchen durch die Küche, und ich versuchte sie im Flug zu fangen.
»Der Kater möchte, daß du ihm Käsestückchen wirfst«, hörte ich die Person sagen. Und ich hörte den Person antworten: »Ach, laß mal. Käse macht bloß fett.«
Ja, dann.
Später, als der Person vor einer Tasse Tee saß und ich endlich auf seinen Knien, fragte der Person die Person – sie hatte die weiße Paste im Gesicht inzwischen durch bunte Farbe ersetzt, was aber meiner Meinung nach keinen besseren Effekt ergab: »Sag, ist der Kater gewachsen? Er kommt mir so riesig vor.«
»Er ist genauso groß wie immer«, antwortete die Person.
»Na ja«, sagte der Person überlegend, »vielleicht kommt er mir so riesig vor, weil wir jetzt eine ganz kleine Katze haben.«
Der Fußboden öffnete sich, die Fensterscheiben barsten, das Gebälk stürzte herab. Die Person merkte es nicht. Oder doch?

»Ach ja?« fragte sie mit flacher Stimme. Ich bestaunte sie. Ich hätte kein noch so dünnes Maunzen herausgebracht.
»Mhm«, sagte der Person, »ich möchte nicht ohne Katze leben, weißt du.«
Er möchte nicht ohne Katze leben. Also holt er sich die nächstbeste kleine ins Haus. Katz' ist Katz'. Frau ist Frau. Mensch ist Mensch. (Nicht für mich. Nicht für die Person. Aber für ihn.)
Er streckte die Hand aus und kraulte mich zwischen den Ohren. Ich wendete den Kopf, biß ihn in die Finger und sprang von seinen Knien. »Spinner!« rief der Person. Er schlenkerte die gebissene Hand. »So was«, sagte er dann, »ob der Kater langsam senil wird?« Selber Spinner. Warten wir's ab, wer von uns eher senil ist: ich, du oder deine ganz kleine Katze.
»Also dann – alles Gute!« sagte die Person zum Abschied. Hat sie denn keinen Stolz?
Jetzt sehen wir fern, die Person und ich. Experten diskutieren gerade über Scheidungswaisen. »Man muß diesen Kindern klarmachen«, sagt soeben ein Experte, »daß der Elternteil, der weggeht, nicht *ihnen* die Liebe aufkündigt, sondern –«
Der hat leicht reden, der Experte. Der soll sich mal brausen, der Experte.

Der Steinzeittyp

Der Typ, der sich mit Motoren auskennt, schwirrt nach wie vor um die Person, mit der ich lebe. Mich stört er weiter nicht, aber warum *sie* sich das antut, ist mir unklar, denn er hat absonderliche Ansichten.

»Was, gekaufte Nudeln?« fragt er zum Beispiel beim Abendessen. »Die schmecken dir? Also, ich finde, man kann nur selbstgemachte essen.«

»Wenn du meinst«, antwortet die Person. »Dann bring doch welche mit.«

Wie zu erwarten war, stellt sich heraus, daß der Typ unter selbstgemachten Nudeln nicht Nudeln versteht, die *er* selbst gemacht hat, sondern Nudeln, die irgendwelche Frauenspersonen gemacht haben.

»Tut mir leid«, sagt die Person, »ist mir zuviel Aufwand.« Der Typ widerspricht. Die Zubereitung von Nudeln sei ganz einfach und kaum

zeitraubend. »Wunderbar«, sagt die Person, »nur zu. Mach dich an die Arbeit.«
Wie ebenfalls zu erwarten war, will sich der Typ keine Arbeit machen, sondern Arbeit zuweisen. Er verstehe einfach nicht, sagt er, daß sich die Person einen so kreativen Spaß wie das Nudelmachen entgehen lasse.
»Du läßt ihn dir doch auch entgehen«, sagt die Person.
»Ich muß«, antwortet der Typ, »schließlich habe ich einen Beruf.« – »Du wirst lachen, ich auch!« sagt die Person.
Er gibt nicht auf. Gewiß gehe die Person ihren Geschäften nach. Aber bei vernünftiger Einteilung ... Gestern abend zum Beispiel habe sie sich diesen wirklich öden Fernsehfilm angeschaut. Wäre es nicht klüger, daß sie, statt ihre Zeit mit dem Anschauen blöder TV-Konserven zu verplempern –
»Du hast gleichfalls verplempert«, sagt die Person, »du hast mitgeschaut.« Er habe dabei Zeitung gelesen, wendet er ein. »Ich auch«, sagt die Person, »bis ich eingeschlafen bin.«
»Na siehst du!«
»Was soll ich sehen?« fragt die Person. »Daß ich nicht eingeschlafen wäre, hätte ich Nudeln gemacht? Ich muß dir sagen, ich schlafe mich lieber aus, statt Nudeln zu machen.«

Wo hat sie den Typ eigentlich her? Frisch aus der Steinzeit?
»Schau mal«, sagt der Typ, »ich würde dir dafür ja auch eine Lichtleitung verlegen, falls es nötig wäre.«
Die Person überlegt. »Ich glaube, ich ziehe es vor, meine Lichtleitungen vom Elektriker verlegen zu lassen und mit Geld dafür zu bezahlen statt mit selbstgemachten Nudeln«, sagt sie dann.
»Der Elektriker würde auch gar keine Nudeln nehmen«, sagt der Typ. »Daran kannst du sehen, wie genügsam ich bin.«
Ich verstehe nicht, warum sie daraufhin albern lacht, statt den Typ vor die Tür zu setzen.
Erstaunlicherweise zeigt sie keine gute Laune, wenn der Typ mal ausnahmsweise reife Gedanken entwickelt.
»Alle diese Dosen für den Kater«, sagte er neulich, »kommt das nicht sauteuer? Wäre es nicht viel wirtschaftlicher, Fleisch zu kaufen und einzufrieren?«
Eine wirklich vernünftige Anregung. Aber statt sie aufzugreifen, fragte die Person bloß in scharfem Ton: »Was verstehst du unter wirtschaftlich? Daß ich meinen Beruf vernachlässige, um Fleisch einzufrieren, Nudeln zu machen, deine Hemden zu bügeln und dir die

Anzüge zu bürsten? Ja? *Das* käme mich aber erst sauteuer, kann ich dir flüstern.«
»Du mußt ja deswegen nicht deinen Beruf vernachlässigen«, sagte der Typ begütigend.
»Nein«, schnappte die Person, »ich kann mir auch das Schlafen abgewöhnen. Dann geht sich alles spielend aus. Das ist wahr.«
Nach diesem Gespräch verließ sie zwar mit dem Typ die Wohnung, kam aber später ohne ihn wieder. Und sie wirkte keineswegs wie vor Schmerz gebrochen. Bravo! Sie macht sich. Einerseits gönne ich es ihr, andererseits hätte ich in der Fleischfrage nichts dagegen, wenn sie ein klein wenig beeinflußbarer wäre.
»Was machst du am Weihnachtsabend?« fragte neulich eine Freundin die Person, als sie zu Besuch war. »Feierst du mit deinem neuen Freund?«
»Weiß noch nicht«, erwiderte die Person. »Wie ich den kenne, erwartet er selbstgebastelten Christbaumschmuck und Pantoffeln, die ich in nächtelanger Arbeit für ihn bestickt habe.«
Und dem Typ selber sagte sie dieser Tage: »Schau, ich muß zu meiner Mutter, du mußt zu deiner Exfrau – ich glaube, es ist am gescheitesten, wenn wir uns erst nach den Feiertagen sehen.«
Der Typ machte ein enttäuschtes Gesicht. »Ich

wollte aber doch auch mit dir feiern«, sagte er. »Ich hab' mir das sooo schön vorgestellt, mit Lichterbaum und Festtagstisch und allem Drum und Dran. Du kannst doch gebackenen Karpfen, oder?«

»Bedauere«, sagte die Person, «bei uns gibt es an Weihnachten immer Räucherlachs, und den besorgt meine Mutter. Außerdem hab' ich im Büro eine Menge aufzuarbeiten, ich werde also nicht viel zum Feiern kommen.«

»Du machst dir wohl nichts aus unserer Beziehung, was?« fragte der Typ. »Sonst würdest du ein bißchen mehr investieren.«

»Ich investiere eine Menge«, sagte die Person. »Ich mache dir Frühstück, ich höre dir zu, ich gehe auf dich ein, ich bin zärtlich zu dir –«

»Das ist dir doch wohl kein Opfer?« unterbrach der Typ. »Du magst doch meine Gesellschaft, oder?«

»Und du meine«, sagte die Person. »Somit sind wir quitt. Finde ich. Aber du findest, ich muß mir deine Gesellschaft mit Dienstleistungen verdienen. Das stinkt mir.«

»Und weißt du, was mir stinkt?« fragte der Typ. »Daß für dich immer dein Beruf vorgeht. Angeblich magst du mich. Aber dein Beruf ist die Nummer eins. Merkwürdige Art, Zuneigung zu zeigen.«

»Jemanden mögen heißt doch nicht, daß man sich total umkrempeln muß, um ihm's zu beweisen!« ruft die Person. »Du hast doch gewußt, daß ich meine Arbeit wichtig nehme. Wen magst du denn nun? Mich oder eine, die ihr höchstes Glück im Nudelmachen sieht?«
O du fröhliche. Ich legte die Pfoten über die Ohren und flüchtete in ein Nickerchen. Nicht, daß ich mir einen Weihnachtsabend mit gebackenem Karpfen nicht ebenfalls sehr stimmungsvoll vorstellen könnte. Aber was nicht ist, ist eben nicht.
Das heißt – gänzlich hoffnungslos bin ich diesbezüglich nicht mehr. Gestern abend ist der Typ nämlich aufgekreuzt, mit einer größeren Nylontüte in der Hand. »Da«, sagte er, »Fleisch für den Kater. Kleingeschnitten und portioniert. Mußt du nur noch ins Tiefkühlfach tun.«
Die Person lächelte. Weihnachtlicher Frieden lag in ihrem Blick. O du selige.

She's not you

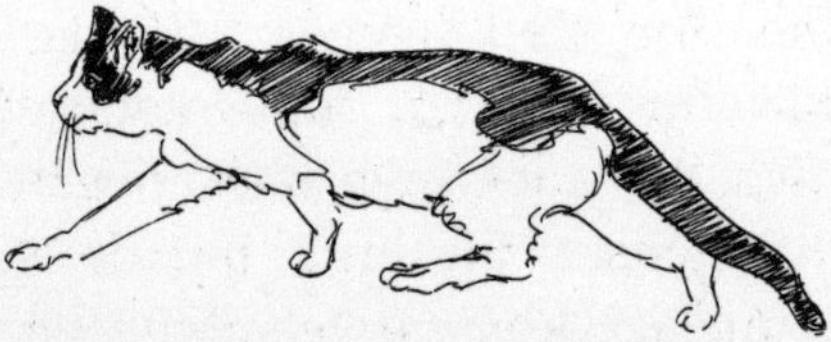

Der Person will heiraten. Die Person hat es von einer Freundin erfahren und ist gebrochen.
Na so was, war sie denn nicht immer ausgesprochen gegen die unzeitgemäße, überflüssige und reichlich spießige Sitte der ehelichen Bindung?
Genau, sagt die Person (zu einer anderen Freundin), deshalb schmerzt es sie ja so, daß der Person – immerhin ein Mensch, der ihr einmal nahegestanden und etwas bedeutet hat – sich jetzt als angepaßter, kleinkarierter Spießbürger wie alle anderen entpuppt.
O jemine, was soll das denn wieder heißen? Daß *sie* nicht wie alle anderen ist, weshalb nur außergewöhnliche Männer ihrer würdig wären?
Mir kommt aber die Reaktion der Person auf die Heiratspläne des Person gar nicht sonder-

lich exotisch vor. Überhaupt kommt mir nie eine Reaktion der Person exotisch vor. Eher schon ist mir *der* Person als schräger Vogel in Erinnerung. Auf sie hingegen trifft das Wort »angepaßt« durchaus zu. Im Unterschied zu ihr sehe ich das allerdings nicht negativ. Ich bin auch angepaßt. Sie klirrt mit der Futterschüssel, und ich komme gelaufen. Sehr vernünftig! Eine unangepaßte Vorgangsweise – zum Beispiel Dösen und stures Warten, ob eine Wüstenspringmaus durchs Zimmer schusseln wird – bescherte mir bloß einen knurrenden Magen. Sich anzupassen ist eine wichtige zivilisatorische Leistung. Warum nur glauben Personen, schon gar solche wie meine Person, die doch immer die soziale Idee hochhält, daß sie verpflichtet wären, grundsätzlich alles zu verwerfen, was andere als vernünftiges Verhalten ansehen?
Ich meine, wenn sie schon ständig vorgibt, wohlwollend an ihre Mitmenschen zu denken, warum gefällt sie sich dann in der Pose, justament gegen alles zu sein, was diese Mitmenschen vereinbart haben?
Nicht, daß ich dafür bin, sich jeder Strömung anzupassen. Wenn ein Kerl daherkäme wie der gefleckte Dicke, der der Schrecken meiner frühen Kindheit war, und die Parole ausgäbe, von

nun an seien keine neuen Personen mehr zur Tür hereinzulassen oder ab heute gälte es, Wittgenstein und Freud aus dem Bücherregal zu schmeißen, – ich verweigerte ihm nicht nur die Gefolgschaft, sondern ich stellte mich gegen ihn.

Von der Person habe ich allerdings gelegentlich den Eindruck, daß sie es für einen Wert an sich hält, unangepaßt zu sein, egal, worin die Anpassung bestünde, und das wiederum halte *ich* für infantil.

Um auf das Heiraten zurückzukommen: Ich hätte Verständnis für die Person gehabt, wenn sie gesagt hätte: Ich finde Heiraten blöd (aus dem und dem einsehbaren Grund), und der Person hat Heiraten auch immer blöd gefunden (aus ebenfalls einsehbaren Gründen) – deshalb finde ich den Person blöd, wenn er jetzt trotzdem heiratet.

Sie aber sagt: Heiraten! Wie angepaßt! Wie üblich! Wie gewöhnlich! Und das ist meiner Meinung nach dumm, denn wenn sie dem Akt des Heiratens nicht mehr vorzuwerfen hat, als daß er üblich ist, dann ist das eine zu dünne Suppe für einen ernsthaften Vorwurf.

Die Freundin sagt, der Person sei eh nach wie vor gegen diesen Schritt, aber die Eltern seiner neuen Freundin – einer *neuen* neuen Freundin übrigens, denn die Society-Gans von vor kurzem schnäbelt mittlerweile mit einem prächtiger ausstaffierten Artgenossen, als der verhältnismäßig mittellose Person einer ist –, die Eltern der neuen Freundin also bestünden auf Brautstrauß und Hochzeitsmarsch.

Ob die Person daran denkt, wie sie ihrer Mutter verboten hat, das Wort »Ehe« auch nur andeutungsweise in den Mund zu nehmen, wenn der Person zugegen war? Ich erinnere mich, einmal kam die gute Frau mit der Vermählungsanzeige einer Nichte an; sie wollte ganz harmlos fragen, ob die Person der Trauung beizuwohnen beabsichtige. Hastig riß die Person damals ihrer Mutter das Büttenbillett aus den Fingern und stopfte es zurück in die mütterliche Handtasche. Der Person sollte nicht glauben, daß sie ihn mittels würdeloser Andeutungen ihrerseits vor den Traualtar lokken wollte.

»Manche Leute kennen eben keinen Genierer!« sagt die Person soeben leichthin; aber ich, der ich sie besser kenne, sehe ihre Unterlippe schmal werden und ihren Blick glasig.

Die Freundin, die nichts dergleichen sieht, sagt, es sei erstaunlich, wie zahm sich der Person neuerdings in alles mögliche füge, und malt kichernd das Bild eines künftigen Person,

wie er einer Ehefrau gehorcht, beim Heimkommen in Filzpantoffeln steigt, der Schwiegermutter beim Wolleabwickeln an die Hand geht und abends Kontoauszüge studiert statt Kunstzeitschriften.
Bestimmt will sie den Person damit lächerlich machen, aber die Person ist, ich merke es ihr an, gar nicht zum Lachen aufgelegt bei der Vorstellung, daß ihr Exgefährte für eine andere tun wird, wozu er ihr zuliebe nie bereit gewesen wäre.
Teufel noch mal, kann das Freundin-Frauenzimmer nicht endlich sein Plappermaul halten? Ich springe auf ihre Schulter. Sie kreischt auf, weil ich mich festhaken muß, um nicht abzurutschen. Anschließend – man hat mich wieder hinuntergescheucht – wird die Schulter freigelegt und besichtigt, und es wird geklagt und bedauert, und die Schulter wird wieder eingepackt, und es werden Entschuldigungen vorgebracht (von der Person, für mich). Na, also! Kein Wort mehr vom Person. Die Person sollte mir dankbar sein, statt mich giftig anzufunkeln.
Dabei hasse ich es, mich auf diese exponierte Art einzumischen. Im allgemeinen ziehe ich es vor, meinen Interessen zu leben. Ich bin nicht der aufopferungsvolle Typ. Kümmere dich zu

sehr um andere, und du kannst nicht mal mehr in deiner Katzenstreu scharren, ohne daß sie diese Handlung auf ihren eventuellen Sinn und Zweck für die Allgemeinheit abklopfen. O nein, Freunde, nicht mit mir! Wenn ich Leber fresse, gekocht oder ungekocht, dann verfolge ich damit nur das Ziel, mir den Bauch wohlig vollzuschlagen; wenn ich übers Fensterbrett spaziere, dann tue ich das einzig aus dem Grund, daß mir danach ist, übers Fensterbrett zu spazieren; und wenn ich mich auf jemandes Knien zusammenrolle, dann rolle ich mich dort zum Knäuel, weil es meiner ganz persönlichen Bequemlichkeit dient, und nicht, um einen von euch besonders auszuzeichnen. Kommentare wie »Schau, er will nicht, daß wir streiten!« oder »Das tut er nur, damit du . . .!« gehen im allgemeinen an den Tatsachen vorbei.

Lediglich in Ausnahmefällen greife ich ein. Um so mehr sollte mein Eingreifen gewürdigt werden. Aber von Personen zu erwarten, daß sie so was durchschauen, ist, ich weiß es seit langem, naiv.

Nichts zu machen. Kaum hat sich die Freundin gefaßt, fährt sie fort, Unheil anzurichten.

Was sie ausdrücken hätte wollen, sei, sagt sie, folgendes: Die quasi Braut des Person stamme aus einflußreicher Familie, deshalb beeile sich der Person, den Wünschen ihrer Eltern nachzukommen; mit solchen Leuten springe man eben nicht um wie mit gewöhnlichen Zeitgenossen.

»Meine Mutter ist mindestens so ungewöhnlich wie die Mutter von der!« behauptet die Person würdevoll.

Gut so! Wir alle haben ungewöhnliche Mütter. Meine fing Vögel im Flug (das heißt, die Vögel flogen, sie sprang, nein: sie schnellte durch die Luft wie ein abgeschossener Pfeil – ein unvergeßlicher Anblick), verstand es, Personen-Personal erstklassig abzurichten und roch frisch aus dem Papier gewickelte Salami drei Gärten weit. »Wie macht die Katze das bloß?« staunten ihre Personen, wenn, kaum hatten sie den Kühlschrank geöffnet, meine Mutter an die Terrassentür klopfte, »wie macht die Katze das bloß, daß sie immer genau in dem Moment ...?«

Doch ich schweife ab. Ehe ich zum Thema zurückkehre, noch eine Anmerkung: Manche von Ihnen werden sich – trotz des Ihrer Spezies eigenen kurzen Gedächtnisses für wichtige Fakten – vielleicht an die Verachtung erinnern, mit der ich mich ein bißchen früher über Jägerei, grünes Gras etc. ausgelassen habe.

Und jetzt dieses Schwärmen von den ländlichen Qualitäten meiner Mutter? Wie das? werden Sie möglicherweise staunen. Vögel im Fluge, Salamiduft drei Gärten weit – was sind das auf einmal für Werte und Maßstäbe?
Darauf kann ich Ihnen nur mit einer Gegenfrage antworten: Neigen nicht die meisten von uns – sofern sie nicht auf Mitleid aus sind und sobald sie ein entsprechendes Alter erreicht haben –, neigen nicht die meisten von uns zu Konzessionen und Verklärungen, wenn es um unsere Mütter und unsere Kinderstuben geht? Ich identifiziere mich jedenfalls mit der Behauptung der Person: Jawohl, unsere Mütter sind – ungeschaut – mindestens so ungewöhnlich wie die Mutter von der! (Nur fragwürdigen Erscheinungen wie Tierärzten kann im Zusammenhang mit meiner Mutter die Bezeichnung *gewöhnliche Hauskatze* über die Lippen kommen.)
»Ich meine ja nur, daß er ein mieser Opportunist ist!« sagt die Freundin der Person. »Und vielleicht verspricht er sich überhaupt bloß eine üppige Mitgift.«
»Ach, sind das Neureiche?« fragt die Person, hoffnungsvoll, doch oje: Die Freundin schüttelt den Kopf.
Weiß es die Person denn nicht? Sagt ihr der

Name nichts? Kaffeegroßhandel seit Generationen, alte Villa, beachtliche Kunstsammlung. Ob ich der Person die Ohren zuhalten soll? Aber wie?

»Ich kann mir ja«, sagt die Freundin der Person zum Abschluß, und ihr Ton signalisiert, daß sie es begütigend meint, »ich kann mir ja eigentlich nicht vorstellen, warum die ausgerechnet auf so einen Schwiegersohn scharf sein sollen. Vielleicht macht er sich nur wichtig? Vielleicht werfen sie ihn demnächst eh raus?«

Die Person sieht aus, als hätte sie in eine Zitrone gebissen. Verständlich. Soll sie sich an dem Gedanken berauschen, daß einer wie der Person allemal gut genug war für eine wie sie, aber wahrscheinlich nicht gut genug ist für eine von Stand?

Finde ein Ende, Person, dränge sie zur Tür, treibe den Masochismus nicht zu weit!

Ach so, die Freundin geht von selbst. Auch recht. Die Person trägt bei der Verabschiedung einen hocherhobenen Kopf und keck gespitzte Lippen, denn sie pfeift auf das, was sie gehört hat, jawohl; dazu zuckt sie mit den Achseln und lacht spöttisch, ppph, was es nicht alles gibt, na, jeder nach seiner Fasson, ich wünsche ihm viel Glück!

Kaum ist die Freundin weg, eilt die Person ans Telefon und ruft eine dritte Freundin an. Die Person verfügt über eine erstaunliche Vielzahl an Freundinnen für alle möglichen Zwecke. Manche eignen sich vor allem für gemeinsame Discobesuche, andere mehr als Zapfstelle für etwas Familienleben, einige schmieden mit der Person flotte Pläne, wieder andere müssen herhalten, wenn der Person nach seelenvollen, seufzerdurchsetzten Aussprachen ist.
Ich frage mich oft, warum sie mit Männern nicht nach dem gleichen Prinzip verfährt: einen zum Herzeigen, einen zum Händchenhalten, einen zum Sprücheklopfen und so fort. Beziehungsweise frage ich mich: Wie kommt es, daß ihr brauchbare Frauen in so reichem Maß zur Verfügung stehen, während es ihr anscheinend enorme Schwierigkeiten macht, vergnügliche Kontakte mit Männern zu pflegen? Kaum kommen Männer ins Spiel, geht es um Machtansprüche und Besitz, Mißtrauen keimt, Eifersucht lodert, Worte werden auf die Waagschale gelegt, Vorwürfe liegen in der Luft. Die Person gibt sich mit einem Mann ab, und schon verknoten sie beide ihre Selbstachtung mit dem Betragen des jeweils anderen, machen sie ihr gesamtes Wohlbefinden voneinander abhängig, liefern sie ihren sogenann-

ten Ruf dem Verhalten des sogenannten Partners aus. (»Wie kannst du mir das antun? Wie stehe ich jetzt da?«) Warum? Nie ist die Person gekränkt, wenn eine ihrer Freundinnen nicht mit ihr ins Theater gehen will. Aber wenn ein Mann, den sie fragt, ablehnt, fühlt sie sich »zurückgewiesen«.

Ich weiß, was ich wert bin, egal, ob die Person früh nach Hause kommt oder spät in der Nacht. Ich betrachte mich nicht als abgelehnt, wenn sie mal im Morgengrauen hereintappt und ins Bett fällt ohne die kindischen Entzükkungsschreie, mit denen sie mir für gewöhnlich schmeichelt. (Naja, stinksauer bin ich dann schon; erstens sehnt sich auch ein zurückgezogener Privatgelehrter gelegentlich nach etwas Gesellschaft. Und zweitens kann ich zwar meinen Bildungshunger allein stillen, nicht aber den Hunger, der mir im Bauch sitzt. Als einer, der zur Gänze im wissenschaftlichen Denken aufgeht, bin ich darauf angewiesen, daß mir die banalen praktischen Erfordernisse des täglichen Lebens, also zum Beispiel das Füllen meiner Futterschüssel, abgenommen werden. Deshalb grolle ich der Person, so sie spät heimkehrt und, Dienstleistungen verweigernd, gleich in die Federn kriecht, ob ihrer Pflichtvergessenheit. Aber ich zweifle nicht an ihren

grundsätzlich ergebenen Gefühlen für mich.) Das kann doch nicht nur an den Hormonen liegen, von deren Produktion man mich befreite und die den Personen angeblich zu schaffen machen?
Sonderbar: Ich hätte gewettet, die Person ist ans Telefon gehastet, um zu jammern und sich Trost zu holen. Aber nun flötet sie schon wieder scheinbar ungerührt und reißt tapfere Witzchen. Sollte sie wirklich ungerührt sein? Sollte ihr tatsächlich der Sinn nach Gewitzel stehen?
Nein, ich habe mich nicht getäuscht in ihrer Gemütsverfassung. Die Person legt das Telefon auf, wirft sich übers Bett und bricht in Schluchzen aus. Ich springe zu ihr.
»Person, Person«, schnurre ich in ihr Ohr, »sei nicht traurig, Person. Hör mir zu, was ich dir sage: Ich schaue jetzt in die Zukunft, denn ich kann das. Ich schaue in die Zukunft, Person, und was sehe ich? Den Person, egoistisch, wie er immer war. Kränke dich nicht, Person, er wird sich auch für eine andere nicht wirklich ändern. Glaube es mir, Person, ich weiß es. Vielleicht wird er heiraten, vielleicht wird er das Kindlein zeugen, das du dir vergeblich von ihm gewünscht hast, aber glaubst du, damit ist etwas gewonnen? Nicht für das Kind-

lein! Nicht für seine Mutter! Der Person wird einen miserablen Vater abgeben. Sei froh, daß du dein Wunschkind nicht von ihm kriegen wirst! Er wird natürlich bluffen. Vielleicht wird er stolzgebläht mit seiner Schwangerschaft hausieren gehen und sich feiern lassen, weil er Entbindungsratgeber zu zitieren versteht, und bestimmt wird er mit bezaubernden Anekdoten aufwarten, wenn das Kindlein einmal da ist – aber denkst du, davon haben Mutter und Kind was? Ach, Person, ich schaue in die Zukunft, und ich sehe gebrochene Herzen und Hoffnungen in Scherben und Erwartungen im Mülleimer – solche wie der Person hinterlassen allerorten Enttäuschung und die Erfahrung, verraten worden zu sein.
Die bewegenden Geschichten von den Wüstlingen und Filous, die wundersam zu flauschigen Teddybären mutieren, sobald sie der einen, wahren Liebe begegnen, alle diese Geschichten entspringen kaum der Realität, sondern mehr dem Wunschdenken von euch Personen, die ihr den Glauben an Happy ends braucht wie unsereins ein zugluftgeschütztes Plätzchen in der Sonne.
Sei erleichtert, Person, daß der Person nur dich enttäuscht hat und nicht auch noch dein künftiges Kind! Du bist glimpflich davongekom-

men, laß dir das von mir versichern ... Halt! Was mache ich denn da? Ich wollte dir Genugtuung verschaffen und beschwöre Unglück und Trauer, als könnte dein Kummer durch den Kummer anderer aufgewogen werden. Nein, Person, das wäre die falsche Methode. Lieber verschließe ich meine Augen vor der Zukunft des Person. Ich sage nur soviel: Er ist rücksichtslos. Er ist erwachsen. Rücksichtslose erwachsene Personen bleiben rücksichtslos. Da er nicht eine bestimmte Frau zu brauchen scheint, sondern Beziehungen zu Frauen mit einer Leichtigkeit knüpft, mit der andere Billiguhren erstehen (sei es, weil er ständig auf der Suche nach der einen, der idealen ist, die es nicht geben kann, außer in schlechten Filmen, sei es, weil ihm Frauen tatsächlich austauschbare Massenartikel sind, wer weiß das schon), da er also nicht an einem bestimmten weiblichen Menschen zu hängen scheint, kennt er keine Angst vor Verlusten. Und weil er keine Angst vor Verlusten kennt, braucht er keine Rücksichten zu nehmen. Irgendeine Frau findet auch noch der sabbernde Greis, das brauche ich dir nicht zu erklären, so gut kennst du die Machtverhältnisse in eurer sonderbaren sogenannten Gesellschaft selber.
Hör auf, dir minderwertig vorzukommen, Per-

son, weil einer, der nicht genug kriegen kann an Anbetung, aufgebrochen ist, um neue Ufer, was in seinem Fall heißt: neue Frauen, unsicher, also unglücklich zu machen!
Es ist doch keine Auszeichnung, den Person lieben zu dürfen, und deshalb ist es keine Degradierung, wenn er beschließt, sich woanders lieben zu lassen.«
Die Person schnieft und schnüffelt. À propos Liebe: Ich muß ihr sehr zugetan sein, denn mit unvorstellbarer Geduld ertrage ich es, daß ihre Tränen in meinen Pelz tropfen. Ertrage ich es? Nein, ich ertrage es nicht! Ich springe auf und schüttle mich.
Die Person drückt mich an sich sowie einen ihrer ekelhaft schmatzenden Küsse auf meinen Kopf. Sie scheint besänftigt. Ob sie mich ausnahmsweise einmal verstanden hat?
»Kater«, raunt mir die Person zu, »guter Bursche. Bester. Allerfeinster.«
Ganz recht. Wenn die Person schon jemanden anbeten muß, dann mich. Einen Geeigneteren gibt es nicht. Ich hoffe nur, sie entschließt sich endlich, mich nicht bloß mit leeren Worten abzuspeisen.
Nachtrag: Die Person und ich haben Sekt getrunken. Jawohl, ich auch. Sie hat ihren Finger eingetaucht und ihn mir hingehalten. Ich

mochte sie nicht enttäuschen. Schmeckte wie Ameisenhaufen, aber doch irgendwie witzig. Anschließend hat sie eine Elvis-Platte aufgelegt. (Elvis, der mit der butterigen Stimme.) »She's not you«. Wir walzten dazu durchs Zimmer. »Her hair is soft and her eyes are also blue/she's all the things a girl should do/but she's not you.«
Wir drehten uns im Kreis, bis wir schwindlig waren. Nein, falsch, schwindlig waren wir schon vorher.
»She even kisses me like you used to do/and it's just breaking my heart: but she's not you.«
Vielleicht ist das ja dem Person noch einmal aus der Seele gesungen. Recht geschieht ihm dann.

Ravioli, selbstgemacht

Auf tritt der Steinzeittyp, klopft sich einladend ans Hosenbein, beugt sich vor und sagt zu mir: »Komm! Na, los! Hiiier!«
Wie bitte???
Guter Mann, wenn du deine Kleidung klopfst, denke ich, daß du Staub aus ihr entfernen willst, und weiche dir aus – du erwartest doch wohl nicht, daß ich dir auf diese Aufforderung hin wie der treue Schäfer an die Seite springe?
Doch, erwartet er. Er sagt »Hier!« und »Komm!« und »Fuß!« und »Platz!« zu mir und staunt immer wieder aufs neue, daß mich diese Zauberformeln nicht schlagartig in einen gehorsamen Flocki verwandeln, speichelleckerisch, schwanzwedelnd –
Das heißt, mit dem Schwanz wedle ich schon. Sogar heftig. Wäre er nicht solch ein Ignorant, wüßte er, was das zu bedeuten hat.
»Laß den Kater in Ruhe, er ist schon ärger-

lich!« sagt die Person, aber der Steinzeitliche lacht bloß und fährt fort, uns Dressurakte zumuten zu wollen.

Ich sage »uns«, denn sein Benehmen mir gegenüber ist symptomatisch auch für seine Einstellung zur Person. Er meint offenbar, wenn er nur hartnäckig genug seine Ansprüche geltend macht, dann werden wir sie eines Tages schon erfüllen. Wobei ihn einzig und allein irritiert, daß dieser Tag nicht bereits morgen ist. Ein hoffnungsloser Fall. Traurig, denn vor kurzem war ich noch voller Zuversicht. Als er mit dem kleingeschnipselten (nicht von ihm kleingeschnipselt, sondern vom Fleischer, wie sich dann herausstellte), als er also mit dem Schnipselfleisch für mich ankam, dachte ich: Na, sieh an, da ist einer ja doch lernfähig.

Hat sich als Irrtum herausgestellt. Der Mann ist der verkörperte Starrsinn. Und obendrein verfügt er über eine Freundesrunde, die ihn in seinen verkalkten Ansichten kräftig bestärkt.

Zu den Weihnachtsfeiertagen war's, da schleppte der Steinzeitliche ein paar Typen an, männlich und weiblich, die seien, sagte er, seine ältesten und besten Freunde, und deshalb müsse die Person sie kennenlernen.

Sagte ich »Typen, männlich und weiblich«? Ist vielleicht nicht ganz korrekt ausgedrückt. Was

der Mann als seine ältesten und besten Freunde anschleppte, waren bloß die männlichen Typen, die weiblichen waren die *dazugehörigen* Ehefrauen oder Freundinnen. Die männlichen Typen führten sie mit sich wie ihre Autopapiere, und die Frauen-oder-Freundinnen ließen sich das gefallen und umgurrten ihre Lenker als beifällige Zuhörerschaft und lachten aufs Stichwort, wenn sie es nicht gerade geliefert hatten.
Ich lag schwer wie ein Stein, bewegungsunfähig, hinter zehn Bänden Duden im Bücherregal und blinzelte gespannt hinter dem Herkunftswörterbuch hervor. Am Weihnachtsabend hatte es gebackenen Karpfen *und* Räucherlachs gegeben, weshalb ich gezwungen gewesen war (man kann Nahrungsmittel schließlich nicht verderben lassen), meiner üblichen diätetischen Disziplin zu entsagen und ordentlich zuzulangen; nun hing mein Bauch durch, und ich mußte ihn auf dem Bücherregal abstützen. Vielleicht war ich aber auch nur gelähmt durch die Ereignisse. Sonst hätte ich die Herkunft des Wortes »peinvoll« nachgeschlagen.
Um es kurz zu machen: Die Freunde des Steinzeittyps (und ihre Frauen-oder-Freundinnen) verwenden ohne Ironie und Erröten Begriffe

wie »sittenlos« oder »gute Gesellschaft«; sie halten »die Frauen« für unlogisch; sie verbreiten sich darüber, was »man« zu welchem Anlaß anzuziehen habe und wohin »man« *unmöglich* auf Urlaub fahren könne; sie brüsten sich, wie sie welches unglückliche Pferd dazu gebracht haben, über sinnlose Hindernisse zu springen. (Ich mache mir nichts aus Pferden. Wie mir meine Mutter glaubwürdig versichert hat, sind sie intellektuell schnell überfordert und kämen daher nie als Gesprächspartner für mich in Frage. Aber ihr bescheidener IQ ist doch kein Grund, die bemitleidenswerten Kreaturen zu albernem Hopsen über alberne Barrieren zu veranlassen!) Sie sprechen von ihrer Verantwortung »dem einfachen Menschen« gegenüber, die offenbar verlangt, daß sie dem einfachen Menschen einreden (sie sagen: *klarmachen*), wie viel glücklicher er wäre ohne »Statussymbole« wie Videorecorder oder Geschirrspüler.

»Vielleicht will sich ja der einfache Mensch nur ein bißchen Arbeit ersparen, wenn er sich einen Geschirrspüler anschafft«, sagte die Person klirrenden Tons.

Ihre Gäste überhörten das Klirren. Im übrigen waren sie der Meinung, der einfache Mensch täte besser, sein Geschirr mit der Hand zu wa-

schen, statt die durch den Geschirrspüler gewonnene Zeit dazu zu verwenden, sich ins Auto zu setzen und den Stau zu verlängern.
»Vielleicht ist es im Stau nicht häßlicher als dort, wo der einfache Mensch wohnt«, sagte die Person, nun schon schrill, und ihre Besucher griffen diese Behauptung begeistert auf, allerdings als Argument gegen den einfachen Menschen: Genau! Kein Unterscheidungsvermögen! Kein ästhetisches Empfinden! Und Gemeinschaftssinn sowieso nicht!
Ich lehnte meinen Kopf gegen das Bedeutungswörterbuch und schloß die Augen.
Die Person wirkte erschöpft, als die Freunde des Steinzeitlichen samt Frauen-oder-Freundinnen gegangen waren, und sagte zum Steinzeitlichen: »Ach, weißt du, ich glaub', das hat keinen Sinn mit uns.«
Aber daraufhin kriegte der Steinzeitliche einen flehenden Blick und legte die Arme um die Person und seine Wange an ihre und gurrte und schmeichelte und streichelte, und die Person gab klein bei und umarmte ihn ebenfalls. Und deshalb taucht er nach wie vor bei uns auf und nervt uns mit seinen Wünschen und Betrachtungen.
»Ist dieser Kater so begriffsstutzig, oder stellt er sich nur so?« fragt er zum Beispiel, nachdem

er wieder einmal »Sitz!« zu mir gesagt und mir das Hinterteil niedergedrückt hat, worauf ich gezwungen war, ihn anzufauchen und in den Schuhschrank zu flüchten. Ich hasse solche Auftritte, und ich hasse den Schuhschrank, in dem es stinkt, aber ich kriege ihn von allen Schränken am schnellsten auf.

»Er ist eine Katze«, erwidert die Person.

»Na und?« fragt der Steinzeitliche. »Sitzen Katzen nicht?«

»Nicht auf Befehl«, sagt die Person.

Der Steinzeitliche schüttelt den Kopf. Mühsamer Haushalt! Keine Kooperation!

Kooperation heißt bei ihm, die anderen tun, was er möchte. Wie seine Freunde weiß er, was uns einfachen Lebewesen frommen würde.

Die Person hat sich vom Büro einen umfangreichen Schriftsatz mit nach Hause genommen, mit dem verzieht sie sich in eine Ecke.

»Was denn?« fragt der Steinzeittyp enttäuscht. »Kein Abendessen?«

»Jetzt schon?« fragt die Person. »Es ist doch erst halb sechs.«

Es stellt sich heraus, der Steinzeittyp befürchtet, daß es zum Abendessen bloß was Kleines, Schnellgemachtes geben könnte. Er hat sich aber auf eine richtige Mahlzeit gefreut. Rich-

tige Mahlzeiten sind für ihn solche mit Suppe und Nachspeise, und man nimmt sie seiner Meinung nach an einem schön gedeckten, liebevoll dekorierten Tisch ein. Bis vor kurzem hat er geglaubt, solche Mahlzeiten ließen sich im Handumdrehen auf in Windeseile festlich geputzte Tische zaubern, aber die Person hat ihn angeschrien und ihn der sträflichen Ahnungslosigkeit geziehen. Deshalb wollte er ihr heute mehr Zeit zum Vorbereiten geben. Er ist ja nicht so. Er läßt sich ja was sagen. Die Person dürfte ihn auch ruhig zum Gurkenschälen einteilen. Er hat zwar in der Firma einen anstrengenden Tag gehabt, aber er ist bereit, beizutragen zu diesem Nachtmahl. In Wirklichkeit ist er nämlich der reinste Hausmann. Hat nicht dieser Tage *er* köstlich gekocht?
»Du hast eine Dose Spargelcremesuppe aufgemacht und Creme fraîche daruntergerührt«, sagt die Person.
Und die Wäsche! Hat er sich nicht erst gestern um die Wäsche gekümmert?
»Du hast deine Hemden in die Reinigung gebracht«, sagt die Person.
Der Steinzeitliche holt aus zu einem seiner längeren Vorträge. Das Problem der Person sei, daß sie eine verkrampfte Vorstellung von der emanzipierten Frau habe, ständig glaube

sie, sich und den anderen was beweisen zu müssen –
»Mein Problem ist, daß ich bis morgen diesen Schriftsatz durchgeackert haben muß«, unterbricht ihn die Person. »Und mein Problem ist, daß mir das nie gelingen wird, solange du hier bist und auf mich einredest.«
Unbeirrt fährt der Steinzeitliche fort: Die wirklich emanzipierte Frau habe es nicht nötig, unentwegt was zu demonstrieren. Die wirklich emanzipierte Frau sei so gefestigt in ihrem Selbstbewußtsein, daß sie sich nichts vergebe, wenn sie einem Mann was koche oder seine Schuhe putze –
»Nenne es, wie du willst«, sagt die Person. »Tatsache ist, daß *ich* es nicht nötig habe, deinen sonderbaren Definitionen zu genügen.«
Alle Achtung! Entweder lernt die Person langsam, sich zu behaupten, oder die Thesen des Steinzeitlichen sind so steinzeitlich, daß nicht mal eine leicht manipulierbare Person wie die Person darauf reinfällt.
Ich ziehe es vor, einen erwachenden Willen zur Selbstverteidigung an ihr zu entdecken. Man soll nicht zu skeptisch sein. Das Leben wird sonst trostlos.
Des Steinzeitlichen Blick fällt auf mich, der ich mich inzwischen – unauffällig, wie ich dachte

– in der Obstschale niedergelassen habe. Sogar mich, sagt der Steinzeitliche streng, habe die Person angesteckt mit ihrer neurotischen Haltung. Jeder vernünftige Mensch bringe einem Haustier Disziplin bei. Aber hier, in diesem Haushalt, müsse alles seinen besonderen Gang gehen, und deshalb tue sogar der Kater nur, was er wolle. Der einzige, der sich fügen solle, sei er. Von ihm würden Verzicht und Anpassung erwartet.

»Genau«, sagt die Person. »Du solltest darauf verzichten, mit uns anzuschaffen.«

Mir ist innerlich ganz matschig weh und verzagt zumute, und das hat nichts mit den Bananen zu tun, auf denen ich äußerlich liege. Ade, Optimismus! Soll das künftig unser Leben sein: Fragwürdige Reminiszenzen an den nichtsnutzigen Person und nichtsnutzige Auseinandersetzungen mit den fragwürdigen Ansichten des Steinzeitlichen?

Rrring, rrring, es läutet an der Tür:

Die herzensgute Nachbarin steht davor und lädt ein zu selbstgemachten Ravioli. Sie habe so viel Teig, und da habe sie sich gedacht ... In einer Stunde, ja? Wunderbar, dann bis später.

Im Unterschied zum Person, dem die Herzensgute auf den Geist ging, und der sich darum um diese Einladung gedrückt hätte, hat der Steinzeitliche beglückt zugesagt, aufgejubelt hat er geradezu, wie ein Wüstenwanderer beim Anblick der Oase, die ihn vorm Verdorren retten wird.

Ich soll mitkommen. Obwohl ich Besuche bei der Herzensguten für gewöhnlich als kulinarische Highlights betrachte, hege ich diesmal gemischte Empfindungen. Ich werde den triumphierenden »Da, nimm dir ein Beispiel!«-Blick nicht ertragen können, mit dem der Steinzeitliche höchstwahrscheinlich die handgeformten Ravioli in sich hineinschaufelt.

Wir sind zurück. Es gab Schinken-Obers-Sauce zu den übrigens etwas weich geratenen Ravioli. Nicht die ideale Kombination, aber besser als die »Forellenschmäuschen« genannte Dose, die die Person daheim für mich bereitgestellt hatte. Der Steinzeitliche gähnt und läßt sich in einen Lehnsessel fallen. »Bißchen ahnungslos, die Gute«, stellt er fest. »Wie kann man denn nur an Spitzen denken, wenn von Brüssel die Rede ist?«

»Vielleicht hat sie wenig Zeit zum Zeitunglesen«, sagt die Person. »Weil sie doch Ravioliteig machen muß und so.«

Sie schaut hämisch dabei. Achtung, Person, Achtung!

Prompt schaut der Steinzeitliche gleichfalls hämisch. »Ach, weißt du«, sagt er, »du hast den letzten Leitartikel in der FAZ auch nicht gelesen. Da ist mir schon lieber, eine liest nicht, weil sie Ravioliteig macht.«

Mistkerl. Ich erwarte, daß die Person ihm an die Gurgel springt, weil es schließlich einen Unterschied macht, ob eine einen bestimmten Leitartikel nicht gelesen hat oder in der Zeitung nie was anderes sucht als lediglich das Horoskop, aber die Person seufzt bloß und greift wieder nach ihrem Schriftsatz, mit dem sie vor dem Essen nicht fertig geworden ist.

Bestimmt ist ihr innerlich ganz matschig weh zumute, und bestimmt hat das nichts damit zu tun, daß die Ravioli zu weich gewesen sind.

Erstaunlichen Tag gehabt. Erstaunt, daß mich noch Tage erstaunen können. Habe fest an meine überlegene Abgeklärtheit geglaubt. Ist aber vielleicht ohnehin besser, wenn ich diese Pose aufgebe. Würdevolle Contenance reizvoll, solange sie in originellem Kontrast steht zum Alter des gesetzt wirkenden Lebewesens. Mich, der ich, wie ich fürchte, langsam in die mittleren Jahre komme, würde sie demnächst vielleicht früh vergreist erscheinen lassen. Ich sollte rechtzeitig gegensteuern. Wildwasserfischen? Großwildjagd (Ratten)? Mit Miezen und Mäuschen promenieren? Sinnsuche beim Extremklettern – hier bin ich, mein Schöpfer, auf diesem sechzig Grad geneigten Dach, und wo bist du? Ach, ihr midlifekrisengerüttelten Gefährten in aller Welt, ich schüttle euch die Pfote!

(Notieren: Buchidee: »Gebeutelte Manns-Bilder. Wege aus der Krise.« Bestsellerverdächtig?)

Schon morgens ein Kribbeln verspürt. Die Person will die Wohnung und mich verlassen, da schlüpfe ich mit ihr auf den Gang und renne zur Matte der herzensguten Nachbarin.

Daraufsetzen, hypnotische Kräfte sammeln und die Tür anstarren, damit sie aufgeht. Sie geht immer auf. Na, bitte! Telekinese funktioniert auch diesmal. »Also schön«, sagt die Person, drückt auf die Türklingel und erklärt der öffnenden Herzensguten, mir sei wohl nach etwas Abwechslung.

Das übliche Begrüßungsritual. Die Herzensgute schraubt ihre Stimme in Jubelhöhe und überschüttet mich mit einem Schwall peinlicher Kosewörter. Ein Mißverständnis. Wir Kerle in der Krise mögen es zwar, wenn man den großen Jungen in uns (wieder)entdeckt, aber angeredet werden wie ein Säugling – also, das geht entschieden zu weit zurück in die Vergangenheit.

Elegant ignoriere ich diesen Ausrutscher meiner Gastgeberin, indem ich erhobenen Schwanzes einfach an ihr vorbeischreite in ihre Küche, wo sie mir eilfertig Salami, Schinken und Ei auftischt. Auftischt im eigentlichen Sinn des Wortes, denn der Einfachheit halber

warte ich nicht, bis sie ein eigenes Gedeck für mich auf den Boden gelegt hat, sondern bediene mich gleich von ihrem Frühstücksteller. Sie kreischt ein bißchen und fügt sich dann in ihr Schicksal. Mit Behagen lecke ich Eigelb von ihrem Löffel, während sie sich Kaffee nachschenkt. Unsere gemütlichen Mahlzeiten entschädigen mich für ihr nicht gerade hohes Gesprächsniveau.
Doch gemütlich hin oder her, irgendwie komme ich heute innerlich nicht zur Ruhe. Ich versuche, auf die Loggia zu gelangen, zwecks Erstürmen der Brüstung, aber sie verwehrt mir den Zutritt. Ich schlendere über ihre frisch gebügelte Wäsche, inspiziere die Wollsträhnen in ihrem Handarbeitskorb, trenne ein Stückchen Strickerei auf (schreckliches Muster), treibe gekonnt ein Schälchen vor mir her über die Kommode und placiere es schließlich mit einem gezielten Schlag im Hole, der Kluft zwischen Kommode und Blumentisch (seltsamerweise lobt die Herzensgute diese sportliche Meisterleistung mit keinem Wort) – aber was ich auch tue, es langweilt mich. Jawohl. Leider. Als die Herzensgute beim Herumrummeln, das sie Aufräumen nennt, ihre Eingangstür offenläßt, spaziere ich einfach hinaus. Hinaus und den Gang entlang und die Treppe hinun-

ter, ganz selbstverständlich. Treppab, treppauf wandere ich durchs Haus, das fremde Gerüche durchwehen, in dem plötzlich Türen schlagen, wo unbekannte Stimmen erschallen und einmal sogar ein Hund bellt. Aufregend. Ich drücke mich an Wänden entlang, husche um Ecken, verharre auf Treppenabsätzen, pochenden Herzens. Meine Mutter hätte sich nicht geschickter anstellen können, und die war wirklich geländeerprobt.

Schließlich fühle ich mich etwas ermattet und beschließe, zur Herzensguten zurückzukehren. Ihre und unsere Wohnungen liegen links vom Lift, also wende ich mich nach links, biege um die Ecke, marschiere bis fast ans Ende des Ganges, setze mich auf die Matte, sammle meine hypnotischen – Moment! Genau geschaut! Nicht auf die Tür, sondern fußewärts. Tatsächlich: Meine Füße befinden sich auf einer Matte, die ich nie zuvor gesehen habe. Also kann diese Matte nicht die Matte unserer herzensguten Nachbarin sein. Ich gehe zur Tür daneben, die die Tür zu meiner eigenen Wohnung wäre, wenn die Matte sich nicht als falsch entpuppt hätte – und richtig! Die Tür ist auch falsch. Was tun? Scharf nachdenken: Es muß mit den Stockwerken zu tun haben. Aber was? Soll heißen: Wo bin ich eigentlich?

Die Tür öffnet sich, obwohl ich sie gar nicht telekinetisch bearbeitet habe, weil ich ja noch am Grübeln bin, und heraus stolpert (über mich) eine männliche Person, ein Person also. »Nanu«, sagt dieser Person. Keine sprühende Bemerkung, aber seine Stimme klingt angenehm, dunkel, ein bißchen rauh, jedoch nicht kratzig wie die Stimme des Steinzeittyps, sondern mehr samtig aufgerauht.

Der Samtene geht vor mir in die Knie. »Was machst du denn da?« Dreimal darfst du raten. Ich verkaufe Lose für die Pfadfinder.

Er schaut mich an mit schräggelegtem Kopf. O. K. Ich tu dir auch nichts. Demutshaltung gegen Demutshaltung, und jetzt laß uns vernünftig reden.

Ich stehe auf und spaziere durch die offene Tür. Vorzimmer riecht akzeptabel. Keine Hundeleine an der Garderobe.

Gemütliche Zimmer. Viele Bücher. Voller Schreibtisch. Große Schachteln. (Mit solchen sind wir seinerzeit auch hier eingezogen.) Gerahmtes Foto neben Laptop: Personen-Kindergesicht, weiblich. Keine sichtbare Damenkleidung.

Hm. Soso. Mal schnell einen Blick auf die Bücher, soweit schon ausgepackt: Lessing (Gotthold Ephraim wie auch Doris). Tucholsky,

Walser (Robert und Martin), Egon Friedell und Alice Miller, Sigmund Freud und Erich Fromm – na gut, das Durcheinander kann sich ja noch legen.
Der Samtene, der mir gefolgt ist, ist zu dem Schluß gekommen: »Du hast dich wohl verlaufen.«
Wer weiß?
Er bietet mir frische Milch an, gewässert. Daß er sie mir verdünnt offeriert, läßt auf Erfahrung mit Katzen schließen, daß er Frischmilch überhaupt daheim hat, auf eine friedfertige und häusliche Natur. (Der Steinzeittyp, der Häuslichkeit bloß geboten kriegen, aber kaum dazu beitragen will, meint, wenn er von Milch spricht, Kondensmilch, die er sparsam in seinen Kaffee tröpfelt. Er ist Weintrinker. Ich glaube aber, er genießt weniger die Weine als vielmehr das zeremonielle Getue, mit dem er Flaschen öffnet und Sorten prüft, und durch das er sich als Kenner in Szene setzt.)
Mein Gastgeber schnappt sich ein Telefon aus den Papierstapeln auf seinem Schreibtisch und ruft ein Wesen an, von dem er anzunehmen scheint, daß es mit den Verhältnissen in unserem Wohnhaus vertraut ist. Die Person kennt ebenfalls ein derartiges Wesen, sie nennt es »Hausmeisterin«.

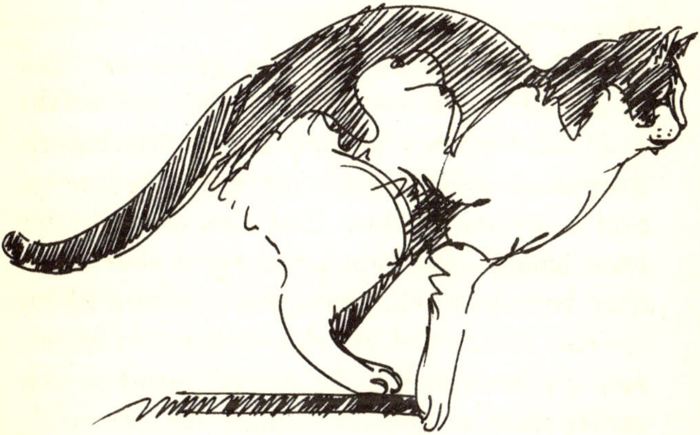

»Zugelaufen«, sagt mein Gastgeber, und: »Haben Sie vielleicht eine Ahnung, wem . . .?«
Verdammt. Wenn die Hausmeisterin jetzt die Herzensgute ins Spiel bringt, dann bin ich in Null Komma nichts weg von hier.
Offenbar hat sich jedoch die Herzensgute noch nicht mit der Hausmeisterin kurzgeschlossen, denn der Samtene sagt bloß ach so und aha, und er würde einen Zettel zum Eingang tun. Während er auswärts seinen Geschäften nachgeht, knete ich ein Sofakissen zurecht und lasse mich zu einer Regenerationspause darauf nieder. Mir gegenüber steht ein Klavier. Sympathisches Möbel, vor allem, wenn es nicht bearbeitet wird. In der Ecke ein Kletterbaum. Vielleicht eine Skulptur? Die bildende Kunst ist eine meiner Schwachstellen. Noch.
Keine vollen Aschenbecher. Bravo.
Mein Gastgeber kehrt von seinem Ausflug zum Hauseingang zurück, in seinem Gefolge die Herzensgute. Gezeter, Händeringen, Vorwürfe an mich. Überall gesucht, so ein Schreck, noch nicht einmal zum Einkaufen gekommen –
Sie streckt die Hände nach mir aus, ich knurre.
»Er ist vielleicht ein bißchen geschockt«, sagt mein Gastgeber. »Lassen Sie ihn doch hier. Sie

könnten Ihrer Nachbarin eine Nachricht an die Tür stecken.«

Die Herzensgute zögert. Aber weil sie doch eigentlich dringend in den Supermarkt muß und weil es nicht so aussieht, als würde ich hier mißhandelt, stimmt sie zu.

Mein Gastgeber und ich verbringen einen angenehmen Nachmittag. Er packt Schachteln aus, ich meditiere, er telefoniert, ich besehe mir seine Joseph-Roth-Gesamtausgabe, er öffnet eine Dose Sardinen, ich verzehre sie.

Er telefoniert übrigens mit seiner Tochter, und was er sagt, deutet nicht nur darauf hin, daß diese Tochter ein annehmbares Kind sein könnte (das heißt, in einem Alter, in dem Kinder Katzen nicht mehr unbedingt in Puppenwägelchen setzen und mit Puppenkleidern ausstaffieren wollen), sondern auch darauf, daß er vielleicht ein ganz annehmbarer Vater ist, sofern man Väter, die nicht mit ihren Kindern zusammenwohnen, überhaupt als annehmbar zu sehen gewillt ist.

Die Person klingelt an der Tür, als ich gerade meine Sardinen verputzt habe.

»Ich hörte, mein Kater ist bei Ihnen«, sagt die Person, atemlos, und lächelt den Samtenen an. Der Samtene lächelt zurück. Die Person hat rote Wangen, möglicherweise vor Aufregung,

weil ich ausgerissen bin, ihre Augen blitzen, ihre Haare sind frisch gewaschen, was ihr entschieden besser steht als das zottelige Gewirr, das ihr gestern ums bleiche Gesicht hing. (Sie sah aus wie ein Bobtail!)
»Hereinspaziert!« sagt der Samtene, und seine Augen blitzen gleichfalls.
Ich verderbe ungern rosige Stimmungen, aber ich muß es doch anmerken: Ich hoffe, es hat nichts zu bedeuten, daß ich im Haushalt des Samtenen bis jetzt keinerlei Bügeleisen entdeckt habe.